UTB **3237**

W0051956

Eine Arbeitsgemeinschaft der Verlage

Böhlau Verlag · Köln · Weimar · Wien
Verlag Barbara Budrich · Opladen · Farmington Hills
facultas.wuv · Wien
Wilhelm Fink · München
A. Francke Verlag · Tübingen und Basel
Haupt Verlag · Bern · Stuttgart · Wien
Julius Klinkhardt Verlagsbuchhandlung · Bad Heilbrunn
Lucius & Lucius Verlagsgesellschaft · Stuttgart
Mohr Siebeck · Tübingen
Orell Füssli Verlag · Zürich
Ernst Reinhardt Verlag · München · Basel
Ferdinand Schöningh · Paderborn · München · Wien · Zürich
Eugen Ulmer Verlag · Stuttgart
UVK Verlagsgesellschaft · Konstanz
Vandenhoeck & Ruprecht · Göttingen
vdf Hochschulverlag AG an der ETH Zürich

„Grundbegriffe der europäischen Geistesgeschichte"
herausgegeben von Konrad Paul Liessmann

Katharina Lacina

Tod

facultas.wuv

Katharina Lacina, Mag., ist wissenschaftliche Mitarbeiterin am Institut
für Philosophie der Universität Wien.

Ich danke Konrad Paul Liessmann für wichtige Hinweise und Ratschläge,
Alexandra Pavlista für ihre fachliche Kompetenz in philosophischen wie
theologischen Fragen, weiters Boris Jordan für seine Geduld. *K. L.*

Bibliografische Information Der Deutschen Nationalbibliothek
Die Deutsche Nationalbibliothek verzeichnet diese Publikation
in der Deutschen Nationalbibliografie;
detaillierte bibliografische Daten sind im Internet über
http://d-nb.de abrufbar.

1. Auflage 2009

© 2009 Facultas Verlags- und Buchhandels AG
facultas.wuv, Berggasse 5, 1090 Wien, Österreich
Alle Rechte vorbehalten

Reihenkonzept und Umschlagentwurf: Alexandra Brand
Umschlagumsetzung: Atelier Reichert Stuttgart
Satz: Ekke Wolf, typic.at
Druck: Druckerei Pustet, Regensburg
Printed in Germany

ISBN 978-3-8252-3237-5

Inhalt

Warum Tod?

Tod im Profil

Anhang

Warum Tod?

„Zum Tod fall dir nichts ein"

Der Einleitung dieses Buches über den Tod ist eine Zeile aus Ingeborg Bachmanns Gedicht „Ihr Worte" vorangestellt, das sie der Dichterin Nelly Sachs widmete. Das Misstrauen in die Tragfähigkeit der Sprache als Ausdrucks- und Erkenntnismittel sollte jeder philosophischen Beschäftigung mit dem Tod zu eigen sein, denn der Gefahr, nur „leeres Geroll von Silben" (Bachmann) zu erzeugen, ist jedes Sprechen über den Tod ausgesetzt. Beim Versuch, den Tod begrifflich zu fassen, zu definieren, zu ergründen, erweist sich dieser Grundbegriff der europäischen Geistesgeschichte als widerständig. Der Tod ist eine Terra incognita, ein Thema, das uns an die Grenzen der Erkenntnis stößt: Über ihn fehlen die Berichte, denn jene Menschen, die Nahtoderfahrungen schildern, gehören zweifellos zu den Lebenden, die eben nur beinahe gestorben sind und folglich auch kein Zeugnis über den Tod abzulegen vermögen. Ob der Tod nun als Eingang in ein jenseitiges Leben oder als der irreversible Lebensverlust aufgefasst werden kann, entzieht sich dennoch der Erfahrung. Über ihn kann nur, und das wahrscheinlich unzulänglich, von Lebenden und aus der Perspektive des Lebens gesprochen werden.

Der Mensch wurde oft in anthropologischer Gewohnheit als das einzige Lebewesen bezeichnet, das um seine eigene Sterblichkeit weiß. Was mit diesem Wissen gewonnen ist, steht auf einem anderen Blatt. Über den Tod selbst scheint dadurch noch keine Erkenntnis erlangt werden zu können. Thomas Macho (2000, 94) verweist auf die Evidenz und die gleichzeitige Inhaltsleere des Satzes „Alle Menschen sind sterblich" – und auf das Supplement, dass sie es auch wissen würden. „Ich werde sterben sterben werde ich sterben ich werde werde ich sterben sterben ich werde ich werde sterben", schreibt Jean Améry (2005a, 142). Die Unsagbarkeit des Todes und die Unmöglichkeit, über ihn wahre Erkenntnis zu erlangen, sind mögliche philosophische Zugänge für ein Nachdenken über den Tod. Vielleicht ist der Tod, der in der christlichen Vorstellung ja erst mit der Vertreibung aus dem Paradies über die Menschen gekommen ist, eine für das menschliche Erkenntnisvermögen unreife Frucht.

Die merkwürdige Ambivalenz, die beim Sprechen über den Tod festgestellt werden kann, ist ein Zeichen des schwierigen denkerischen Umgangs mit dem Tod. Scheint der Tod zunächst eine unverkennbare, klare Bedeutung zu haben – man denke an die Nachrichten, die von den anonymen Toten durch Unfälle und Kriege berichten, oder die Meldungen über den Tod berühmter Personen wie Lady Diana, Johannes Paul II. oder Michael Jackson –, so ist er auf den zweiten Blick doch undurchdringlich. Was ist der Tod? Man kann Kenntnis über den Tod erlangen, aber nur über den Tod der Anderen, niemals über den eigenen oder seine begriffliche Objektivierung. Der Tod kann zwar erfahren werden, aber er kann nicht mehr zur Erfahrung werden. Der Tod der Anderen, der Tod des Nächsten, des geliebten Menschen ist ein Thema des Nachdenkens über den Tod.

„Oh death please consider my age / Please don't take me at this stage / My wealth is all at your command / If you'll remove your icy hands". Dieser Blues aus den 30er Jahren, auch bekannt als „Conversations With Death", wurde unter anderen von Dock Boggs, viel später auch von Camper van Beethoven interpretiert und nimmt ein altes Thema des Umgangs der Menschen mit dem Tod auf: die Verhandlung mit dem personifizierten Tod um noch ein bisschen Lebenszeit. Doch wenn sich der Tod nicht überreden lässt, wenn er auf die Sterbestunde hier und jetzt besteht? Kann man den *unbestechlichen Gleichmacher* nicht überzeugen, gibt es keinen Ausweg aus dem Tod. Wie wäre es, wenn man das Sterben lernen könnte? „Philosophieren heißt sterben lernen" ist ein Motiv, das in der europäischen Tradition immer wiederkehrt. Daran schließen sich die Fragen nach einem guten Tod und nach dem rechten Umgang mit dem Sterben an.

Der Tod wird inszeniert. Nicht nur prachtvolle Gräber, die Friedhofskultur, Totenmessen und Gedenkfeiern, sondern auch die Präsenz des Todes in der Kunst und der Umgang mit dem Tod in den Medien liefern Beispiele für seine Präsenz in der Welt der Lebenden. „Pushing Daisies", „Six Feet Under", „Medium" – der Tod hat TV-Serien-Format bekommen. Aber ist er das unwiderrufliche Ende des Lebens? Oder gibt es eine Möglichkeit des Weiterlebens nach dem Tod? In Lars von Triers Krankenhausserie „Geister" tummeln sich unerlöste Seelen, ein böser Dämon und sogar ein Zombie durch die Gänge des Kopenhagener Reichskrankenhauses; Wesen aus einer anderen Welt, die der schwedische Naturforscher und Mystiker Emanuel Swedenborg als mittleren Ort zwischen Himmel und Hölle beschrieben hat. Das Reich der Toten und das Reich der Lebenden ist nicht strikt getrennt, nach dem Tod lebt die Seele eines Menschen weiter. Was Lars von Trier hier dramaturgisch verpackt hat, berührt die Frage, was nach dem Tod geschieht. Philosophisch ist es die Auseinandersetzung mit der Unsterblichkeit der Seele, die eine der großen Fragen in der Philosophiegeschichte ist. Wird das Konzept der unsterblichen Seele verworfen, ist der Tod das Ende des individuellen Menschenlebens, womit aber noch nicht geklärt ist, ob der Tod – wie immer seine Konzeption auch aussehen mag – ein Übel oder ein Gut bedeuten mag.

Die Populärkultur ist voll von seltsamen Mischwesen: „Robocop", „Star Wars", „Star Trek", „Universal Soldier", „The Six Million Dollar Man" – sie alle können Aufschluss geben über den Wunsch nach einem langen und möglichst ungefährdeten Leben, das in der Fiktion mit Hilfe technischer Modifikationen realisiert werden kann. Der Wunsch nach körperlichem Überleben, Weiterleben und schließlich nach Unsterblichkeit, einem Leben jenseits des Todes, ist Ausdruck eines alten menschlichen Traums. Die philosophisch interessante Frage betrifft die Wünschbarkeit eines körperlich unsterblichen Lebens. Was könnte es heißen, unendlich lange am Leben zu sein? Die technomorphen Unsterblichkeitsphantasien können als säkulare Varianten des Traumes von Unsterblichkeit gelesen werden. Versuche, den Tod zu suspendieren, sind bis dato zwar nicht von Erfolg gekrönt, aber sie zeigen, dass der Tod noch immer als Ärgernis, als Stachel im Fleisch angesehen wird – und es offenbar nicht leicht ist, die Bestimmung vom Tod als unumkehrbares Ende des Lebens anzunehmen.

Der Tod ist zentrales Thema der Philosophie. Und eines, mit dem sich wahrscheinlich schon die meisten Menschen einmal beschäftigt haben. Dass alles Lebendige einmal vergeht, ist wohl eine menschliche Grunderfahrung. Doch daraus folgt die Frage, wie es sich über den Tod nachdenken lässt, wie diesem sperrigen Begriff am besten beizukommen wäre. Im ersten Kapitel dieses Bandes werden mögliche begriffliche Bestimmungen des Todes anvisiert. Da der Tod zumeist mit dem Sterben, das ihm vorausgeht, in Verbindung gebracht wird, scheint es nötig, hier eine begriffliche Trennung vorzunehmen. Tod und Sterben sind nicht eins. Doch exakte Definitionen des Todes zu finden, scheint, der Tivialität dieser Feststellung zum Trotz, nicht ganz einfach zu sein. Anhand der Geschichte der Todeskriterien wird dieser Umstand deutlich. Auch das Sprechen von einem „natürlichen Tod", der zumeist als friedlicher Ausgang aus dem Leben verstanden wird, ist Gegenstand des ersten Kapitels.

Sterben zu müssen – noch unabhängig davon, was sich der Einzelne nach dem Tod erwarten mag – ist ein Gedanke, der das Leben in einer besonderen Weise betrifft. Wie kann die rechte Haltung zur Sterblichkeit aussehen? Im zweiten Kapitel des Buches geht es um die philosophische Tradition, die seit der Antike höchst unterschiedliche Antworten auf diese Frage gefunden hat. Bei Platon erscheint der Tod noch als traumloser Schlaf, den man nicht fürchten soll, geht doch auch Sokrates mit leichten Schritten in den Tod. In der antiken Tradition ist die Betrachtung der richtigen Lebensweise von entscheidender Bedeutung, und daher ist auch das Verhalten im Leben zum Tod eine zentrale Frage. Für Epikur und Lukrez ist der Umgang mit der Todesfurcht entscheidend, kommt es doch darauf an, ein erfülltes Leben zu führen, das durch die Schrecknisse der Jenseitsvorstellungen empfindlich gestört werden könnte. Die antiken Haltungen zum Tod oszillieren zwischen Todesverachtung und „Philosophieren heißt sterben lernen", Einübung in den Tod. Durch die Verbreitung des Christentums kommt es zu einer neuen Haltung gegenüber dem Tod, der erst die Möglichkeit birgt, nach einem gottgefälligen Leben Unsterblichkeit zu erlangen. Augustinus und Thomas von Aquin stehen stellvertretend für die mittelalterlichen Glaubensbilder und die vielfältigen Vorstellungen von der Topographie des Jenseits. Das „Philosophieren heißt sterben lernen" wird in der Neuzeit durch Montaigne wieder aufgenommen; die Frage, ob die individuelle menschliche Seele denn unsterblich sein kann, ist ein viel diskutiertes philosophisches Anliegen. Den Abschluss des zweiten Kapitels bildet Kierkegaard, der ein entscheidender Bezugspunkt für moderne Todeskonzeptionen ist. Er erinnert uns aber auch daran, dass wir vorsichtig sein sollten im Versuch, allzu viel theoretisches Wissen über den Tod erlangen zu wollen.

Im Mittelpunkt des dritten Kapitels stehen paradigmatische Todeskonzepte der Moderne, wie sie von Freud, Heidegger und Sartre entwickelt wurden. Kennzeichnend ist in jedem Fall die Abkehr von tröstlichen Vorstellungen eines Weiterlebens nach dem Tod – und damit auch von der Frage nach der Unsterblichkeit. Beide Weltkriege haben das europäische Denken über den Tod im 20. Jahrhundert entscheidend geprägt. Freud denkt über den Krieg und seine Folgen nach, wenn er den Todestrieb in seine psychoanalytische Konzeption aufnimmt. Die Todesverdrängung, die von Martin Heidegger zentral betrachtet wird, ist ein Motiv, das sich durch die philosophische Tradition zieht. Der Tod, gedacht als unwiderrufliches Ende, findet bei Sartre seine Bestimmung als absurdes Ende des Lebens, das dem Leben jeden Sinn nimmt. Eine undenkbar große Dimension nimmt das unwiderrufliche Ende des Lebens bei Günther Anders an: Mit der Möglichkeit der Auslöschung allen Lebens durch die Atombombe ist historisch die Möglichkeit zum *Holozid* gegeben. Am Ende des dritten Kapitels werden rezente philosophische Todeskonzepte vorgestellt, die sich im Anschluss an die antike Tradition der Frage widmen, ob der Tod denn überhaupt ein Übel ist – wenn wir tot sind, erleiden wir den Tod ja nicht mehr, wenn wir noch leben, sind wir aber nicht tot. Wie lässt sich diesem Problem also beikommen?

Gegenwärtig hat sich die Auseinandersetzung mit dem Tod zugunsten einer Auseinandersetzung mit dem Sterben verlagert. Im vierten Kapitel werden die ethischen Aspekte einer Philosophie des Todes behandelt. Was ist der gute Tod, der *euthanathos*? Und auch: Wie lässt sich angesichts der stark gewachsenen medizinischen Möglichkeiten das Ende des Lebens gestalten? Muss alles schon getan werden, nur weil es die technischen Möglichkeiten dazu gibt? Der Mensch, der sterben will, aber nicht sterben kann, ist zu einem Hauptproblem der medizinischen Ethik geworden. Der Tod ist nicht mehr bloß ein Ereignis, das dem Einzelnen gleichsam von außen zustößt, sondern ein Kampfplatz ethischer Konzepte, Handlungsrichtlinien und juristischer Auseinandersetzungen. Wie steht es mit den Möglichkeiten, das eigene Lebensende selbstbestimmt zu wählen? Am Ende des vierten Kapitels steht die Möglichkeit des Suizids im Vordergrund. Nicht nur die historisch gewachsenen Haltungen gegenüber diesem Phänomen, das als spezifisch menschlich angesehen wird, sondern auch Jean Amérys sehr prononcierte Auffassung über das selbstgewählte Scheiden aus dem Leben als Möglichkeit der Freiheit wird behandelt.

Im fünften und letzten Kapitel geht es um einen Vorboten des Todes, das Altern. Die Relevanz des Alterns für philosophische Todesbestimmungen hatte bereits Montaigne erkannt. Die Auffassungen über das Altern schwanken zwischen Alterslob und der Verachtung des Alters als Verfallprozess. Aus der negativen Konnotation des Alterns und seiner Bestimmung als langsames Scheiden aus dem Leben lässt sich auch die Anti-Aging-Medizin verstehen. Da es, bei allen Versuchen, das Altern aufzuschieben, doch irgendwann dazu kommen muss, dass ein Mensch nicht nur an Jahren, sondern auch physisch altert, bleibt die

Definition des Alters ein Problem für die geisteswissenschaftliche Auseinandersetzung. Doch der Mythos der ewigen Jugend ist eng verwandt
mit der Vorstellung von körperlicher Unsterblichkeit. Wie schön wäre
es doch, einfach nicht sterben zu müssen, sondern ewig weiterzuleben!
Oder vielleicht doch nicht? Das Thema der unsterblichen körperlichen
Existenz hat in der europäischen Geistesgeschichte eine lange Tradition. Wie sie philosophisch zu fassen ist, wird gegen Ende des fünften
Kapitels erörtert. In den gegenwärtigen technomorphen Unsterblichkeitsphantasien wird das beharrliche Aufbegehren gegen den Tod,
diesen Stachel im Fleisch, nur allzu deutlich: Der aufgeschobene Tod
durch Kryokonservierung des Körpers, die ins Unendliche gezogene
Langlebigkeit von Cyborgs oder eine neue Version der seelischen Unsterblichkeit im Leben als upgeloadeter Geist auf einer Festplatte legen
Zeugnis von einem Menschheitstraum ab, der nun seiner technischen
Realisierung harrt.

Tod im Profil

1

Bestimmungen

Behandelt werden mögliche Zugänge zum Begriff „Tod". Zunächst ist eine Unterscheidung zwischen Tod und Sterben zu treffen und die Frage zu klären, welche Organismen überhaupt vom Tod betroffen sind. Die medizinischen Todeskriterien, die zur Feststellung des Todes notwendig sind und sich im Lauf der Geschichte verändert haben, werden ebenfalls vorgestellt, ein kleiner Exkurs zur kulturellen Diversität der Todesbezüge wird auch unternommen. Schließlich geht es um den Begriff des natürlichen Todes, der erläutert werden soll.

Tod und Sterben

Der Tod hat neben seiner begrifflichen Sperrigkeit noch andere, alltägliche Seiten: Die Verwaltung des Todes ist ein alltägliches Ereignis, juristisch manifest als Eintrag im Sterberegister. Die von der Demographie und der Soziologie beschriebenen Phänomene beleuchten aber nur eine Seite des Umgangs mit dem Tod, nämlich die Art, wie mit den Toten verfahren wird. Über den Tod selbst sagen Personenstandsregister, Trauer- und Begräbnisfeiern, Bestattungsrituale und die Friedhofsordnung noch nicht allzu viel aus, sondern spiegeln vielmehr die Einstellung zum Tod wider – und die Art und Weise, wie er gesellschaftlich gehandhabt wird. Ob man mit Philippe Ariès (2005, 716) darin übereinstimmen mag, dass „die Gesellschaft […] den Tod ausgebürgert [hat], ausgenommen den Tod großer Staatsmänner", oder mit Armin Nassehi (2004, 144) eine „Geschwätzigkeit des Todes" konstatiert – sie berühren soziale Gewohnheiten, die zwar wertvolle Hinweise auf Mentalitätsgeschichte und gesellschaftliche Verfasstheit liefern können, sie berühren jedoch kaum die eigentlichen Schwierigkeiten mit der philosophischen Frage nach dem Tod.

Der Tod wird begrifflich vom Sterben unterschieden, das ihm vorangeht. Das Sterben ist ein Prozess, der im Leben stattfindet, und kann, je nach den jeweiligen Umständen, vom Sterbenden bewusst erlebt, empfunden und erfahren werden. Dennoch muss auf das Zusammenspiel von Tod und Sterben verwiesen werden, denn ohne den Stachel Tod wäre das Sterben kein Sterben, und ohne Sterben wäre kein Tod. Psychiatrie und Psychologie haben sich mit dem Sterben ausführlich beschäftigt. Berühmt geworden sind die von der amerikanischen Psychiaterin Elisabeth Kübler-Ross (2002) beschriebenen fünf Phasen des Sterbens – Verleugnung, Zorn, Verhandeln, Depression und Zustimmung –, die Bewältigungsstrategien mit dem bevorstehenden Tod beschreiben. Kübler-Ross hatte Interviews mit Sterbenden geführt und durch ihre Publikationen in den 70er Jahren dieses Thema einer breiten Öffentlichkeit zugänglich gemacht. Sie war in den USA eine Mitbegründerin der Hospizbewegung und eine der prononciertesten Sterbeforscherinnen. Die von ihr beschriebenen Sterbephasen tauchen jedoch nicht in jedem Fall in einer strikt chronologischen Reihenfolge auf, sondern sind jeweils von individuellen Abweichungen bestimmt.

Aus medizinischer Perspektive ist es nahezu unmöglich, einen genauen Todeszeitpunkt bei terminal kranken Patienten vorherzusagen. Im renommierten „New England Journal of Medicine" wurde 2007 ein bemerkenswerter Artikel veröffentlicht, der von Oscar, dem Therapiekater eines Hospizes in Rhode Island, berichtet (Dosa 2007, 328), einer Einrichtung, die vor allem Alzheimer- und Parkinson-Patienten im fortgeschrittenen Krankheitsstadium betreut. Im Gegensatz zum medizinisch-pflegerischen Personal des Hospizes ist Oscar fähig, den kurz bevorstehenden Tod von sterbenden Patienten zu bemerken. Er dreht seine Runden durch die Station und verbleibt in der Nähe jener Menschen, die in den nächsten zwei bis drei Stunden sterben werden. Das Personal verständigt daraufhin die Angehörigen, damit sie Abschied nehmen können, denn Oscar hat sich bislang noch nie geirrt; sein Ausharren neben dem Bett eines Patienten gilt im Hospiz als sicherer Indikator für den knapp bevorstehenden Tod. Eine genaue wissenschaftliche Erklärung für Oscars Fähigkeiten gibt es bis jetzt nicht, obwohl vermutet wird, dass der Kater seine Fähigkeiten seinem exzellenten Geruchsvermögen schuldet.

Der Sterbeprozess ist – ungeachtet seiner möglichen Dauer – jedoch immer noch dem Leben zuzurechnen, er führt vom Leben hin zum Tod, ist aber mit ihm nicht gleichzusetzen, der Todeszustand liegt außerhalb des Lebens. „Aber im Prinzip hätte ich ja nichts am Sterben auszusetzen, würde ihm nicht der Tod folgen", formulierte pointiert der amerikanische Philosoph Thomas Nagel (2001, 19). Der Tod, immer relativ zum Leben verstanden, wird allgemein als das Ende des Lebens oder als sein Gegensatz definiert.

Doch nicht alle lebenden Organismen müssen sterben. Der amerikanische Philosoph Jay F. Rosenberg (1998, 34f.) zeigte anhand eines Beispiels, was der Biologie schon wohlbekannt ist: Es gibt auch Organismen, die nicht vom Tod bedroht sind. Rosenberg bringt das Beispiel der glücklichen Amöbe Alvin, die in einem Wasserbecken lebt. Eines Nachts teilt sich Alvin und zwei Amöben, Amos und Ambrose, schwimmen nun im Becken. Was ist passiert? Ist Alvin tot? Rosenberg stellt folgende Überlegungen an: Alvin ist eine Amöbe, das Wasserbecken beinhaltet zwei Amöben, Alvin kann unmöglich identisch mit zwei Amöben sein. Doch er kann auch nicht tot sein, denn es gibt keine Überreste von ihm. Sein Leben ist zwar zu Ende, aber er hat sein Leben nicht verloren, sondern nur seine Existenzweise geändert. Rosenberg verwendet das Beispiel von Alvin, um zu verdeutlichen, dass der Tod eines Menschen nicht bloß die Änderung seines Zustands, sondern – im Gegensatz zu Organismen, die Metamorphosen durchlaufen können – das Ende seiner Existenz bedeutet. Wie kann aber dieses Ende des Lebens festgestellt werden?

Todeskriterien

Stirbt ein Mensch, wird üblicherweise von einem Arzt eine Sterbeurkunde ausgestellt. Der Tod muss diagnostiziert werden, und zwar durch eine Person, die dafür auch qualifiziert ist. Eine präzise Bestimmung des Todes und die Bestätigung darüber sind für die Bestattung des Leichnams notwendig. Doch die Todeskriterien haben sich im Lauf der Geschichte verändert. Traditionelle Todeskriterien waren das Aussetzen von Herzschlag und Atmung, die Totenstarre, Leichenflecken, Veränderungen des Auges, Blässe oder Fühllosigkeit auf Stimuli (Mant 1970, 18). Lange Zeit war das Todeskriterium in der Medizin der Ausfall der Herztätigkeit und der Atmung. Das Sterben eines Organismus ist ein Prozess, der langsam vonstattengeht, weil die verschiedenen Organe unterschiedlich lange ohne die Zufuhr von Sauerstoff auskommen können. Teile des Gehirns können in dem sehr knappen Zeitraum von einigen wenigen Minuten irreversibel geschädigt werden, während Gewebe wie Haare oder Nägel sehr lange weiterwachsen.

Ist es möglich, ausgefallene Organe maschinell zu ersetzen, wie beispielsweise die Funktion der Lunge, kann ein Mensch dennoch weiterleben. In der medizinischen Literatur wurden seit Ende der 50er Jahre Fälle von Patienten beschrieben, deren Herz- und Lungenfunktion bei gleichzeitigem irreversiblen Verlust der Hirnfunktionen aufrechterhalten werden konnte. 1953 übernahm bei einer Herzoperation an einer jungen Frau erstmals eine Herz-Lungen-Maschine die Funktionen dieser Organe. Mit Anfang der 60er Jahre begann sich die moderne Herz-Lungen-Wiederbelebung und die künstliche Beatmung zu etablieren. Die erste Herztransplantation wurde im Jahr 1967 durch den südafrikanischen Herzchirurgen Christiaan Barnard durchgeführt. In einer fünfstündigen Operation verpflanzte er einem Patienten das Herz einer jungen Frau, die bei einem Autounfall verunglückt war. Der Patient lebte nach der erfolgreichen Operation 18 Tage lang, bevor er in Folge einer Lungenentzündung verstarb.

Ein Jahr später, 1968, empfahl das „Ad Hoc Committee" der Harvard Medical School, anstelle des Herztodes ein neues Todeskriterium einzuführen. Der Anästhesist Henry K. Beecher formulierte die neuen Kriterien des Havard Reports, die sogenannten Harvardkriterien, die den Verlust aller Hirnfunktionen als zentralen Punkt bei der Todesfeststellung herausstreichen. Der irreversible Hirnausfall als neues Kriterium sollte zunächst helfen zu klären, ab welchem Zeitpunkt eine medizinische Behandlung bei irreversibel komatösen Patienten abgebrochen werden könne und unter welchen Umständen eine Organentnahme erlaubt sei. Folgende Kriterien für ein irreversibles Koma wurden angegeben: Der Patient reagiert nicht auf Stimuli, auch wenn diese schmerzhaft sind, er atmet nicht spontan und bewegt sich nicht, zeigt keine Reflexe und weist ein flaches EEG auf (Ad Hoc Committee 1968, 85). Entscheidend ist, dass keine Aktivität des Zentralnervensystems mehr vorliegt.

Das neue Kriterium Hirntod wurde auch von europäischen Ländern übernommen und etablierte sich rasch. Definiert wird der Hirntod als Zustand der irreversibel erloschenen Gesamtfunktion des Großhirns, des Kleinhirns und des Hirnstamms. Als Hirntod wird also der endgültige Verlust aller Hirnfunktionen verstanden. Vielfach wird in der Diskussion um das Hirntodkriterium argumentiert, dass es bloß die Folge einer neuen Technologie sei, nämlich der Möglichkeit zu Organverpflanzungen, und eine völlige Neuorientierung in der Geschichte der Todeskriterien darstelle (Hoff / Schmitten 1994). Die Organentnahme ist nämlich von der Durchblutung der Organe anhängig, die für ihre Versorgung mit Sauerstoff notwendig ist. Da bei einem künstlich beatmeten Hirntoten die Sauerstoffversorgung funktioniert, können seine Organe explantiert und einem Patienten implantiert werden, der dringend ein neues Organ benötigt.

Es ist dennoch strittig, ob die Einführung des neuen Todeskriteriums ein radikal neues Konzept ist, das einen völligen Bruch mit dem als natürlich erscheinenden Herztodkriterium der Vergangenheit vollzieht. Der Medizinhistoriker Martin S. Pernick (1988, 59f.) argumentiert, dass es auch in der Vergangenheit keine völlige Sicherheit in der Definition und Diagnose des Todes gegeben habe, sondern dass die Definitionen des Todes immer in kulturelle, soziale und technische Kontexte eingebettet und somit im Wandel waren.

Die Schwierigkeiten mit dem Hirntodkriterium berühren einerseits seine ethischen Implikationen: Wie soll mit einem Menschen an der Grenze seines Lebens umgegangen werden? Soll, oder muss sogar, das Leben verlängert werden, selbst wenn keine Hoffnung auf ein bewusstes Leben mehr besteht? Oder soll angenommen werden, dass das Gehirn als Sitz des Bewusstseins das Zentralorgan eines Menschen ist? Verändert das neue Todeskriterium die Sicht auf den Menschen radikal? Die andere Seite ist das phänomenale Problem: Wird ein Hirntoter künstlich beatmet, funktioniert sein Kreislauf und sein Herz schlägt. Für Angehörige kann es sehr schwierig sein, einen Menschen, der aussieht, als würde er schlafen, für tot anzusehen.

Im Jahre 1992 wurde in Deutschland der Fall einer jungen Frau bekannt, die bei einem Autounfall ein schweres Schädel-Hirn-Trauma erlitten hatte und in der 15. Woche schwanger war. Die Ärzte entschieden, die lebensverlängernden Maßnahmen fortzusetzen und damit den Fötus am Leben zu erhalten. Einen Monat später starb der Fötus und die lebensverlängernden Maßnahmen wurden eingestellt. Die Causa wurde als „Erlanger Fall" berühmt und führte zu einer heftigen Debatte über das Hirntodkriterium und den Umgang mit der hirntoten Frau, deren Vitalfunktionen erhalten wurden, um den Fötus am Leben zu erhalten. Der Gedanke, dass eine hirntote Frau ein Kind auf die Welt bringen soll, blieb auch nicht unwidersprochen. Vor allem feministische Kritikerinnen sahen in dem Fall ein Menschenexperiment, das die Frau zu einem bloßen „Nährboden" (Duden 1994, 148), einer „Gebärmaschine" (Schwarzer 1992, 320) herabwürdigte, da nur aufgrund der Schwangerschaft die lebenserhaltenden Maßnahmen fortgesetzt wurden und das Leben des Fötus fokussiert worden war.

Aufgrund welcher Kriterien sollte eine gültige Definition des Todes nun allgemein verbindlich gemacht werden können? Für den deutschen Philosoph und Ethiker Dieter Birnbacher (1999, 49ff.) sind die Probleme, die im Zuge der Todeskriterien auftauchen, ein Preis des medizinischen Fortschritts, der immer mit einem erhöhten Freiheits- wie auch Verantwortungsgrad einhergeht. Für ihn sind drei Fragen zur Orientierung und Bewertung der sogenannten Hirntoddebatte entscheidend: die Frage nach der Todesdefinition und ihrer Akzeptanz sowie die Fragen nach der Validität der Hirntodkriterien und der Zuverlässigkeit der Tests, mit denen sie überprüft werden. Die letzten zwei Fragen berühren für Birnbacher den Bereich der Wissenschaft, da sie empirisch zu klären sind. Ein Todeskriterium ist dann valide, wenn es dem Stand der bewährtesten wissenschaftlichen Theorie entspricht, ein Test dann zuverlässig, wenn er zuverlässig handhabbar ist. Die Akzeptabilität eines Todeskriteriums hängt im Unterschied dazu aber stark davon ab, welche Maßstäbe die Mitglieder einer menschlichen Gemeinschaft für eine bestimmte Definition als angemessen oder zweckmäßig ansetzen. Der Tod und seine Zeichen sind für Birnbacher immer das Ergebnis definitorischer Festlegungen, die das Ergebnis von Einigungs- und Abwägungsprozessen darstellen.

Für eine akzeptable Todesdefinition stehen nach Birnbacher zumindest fünf Desiderate im Raum, die von der Definition erfüllt werden sollten und als Orientierungspunkte in der Diskussion um Todesdefinitionen anzusehen sind. Zunächst sollte es nur einen Todesbegriff geben – die Aussage, dass ein Mensch tot ist, sollte nicht weiter differenziert werden müssen, sie sollte eindeutig und frei von Verunsicherungen sein. Hier verweist Birnbacher auf den Unterschied, der zwischen einem Menschen als körperlich-seelische, bewusstseinsfähige Einheit und beispielsweise einem niederen Lebewesen, wie einer Amöbe, zu machen ist. Für ihn ist der Todesbegriff ein anthropologischer Begriff, der sich nicht umstandslos auf andere Lebewesen übertragen lassen muss. Das zweite Desiderat betrifft die Art der Todesdefinition, die stets deskriptiv bleiben sollte. Der Todesbegriff sollte nach Birnbacher frei von wertenden Implikationen bleiben, wie beispielsweise von der Erlaubnis, Organe zu entnehmen, oder von bestimmten Vorschriften oder Pflichten bezüglich des Umgangs mit einem Leichnam. Begründet wird diese Forderung mit dem Verweis auf die kulturellen Differenzen im Umgang mit toten menschlichen Körpern. Als Drittes stellt Birnbacher die Forderung nach einer möglichst intersubjektiven Todesdefinition, da diese Definition gesellschaftlich zu bedeutsam ist, um von individuellen Interpretationen oder Definitionen abhängen zu können. Weiters scheint Birnbacher die Einbettung des Todeskriteriums in die kulturelle Tradition als relevant, da ein starker Bruch kaum zur allgemeinen Akzeptanz beitragen könnte. Das fünfte und letzte Desiderat betrifft schließlich die Orientierung des Todeskriteriums an Sachgesichtspunkten, denen der Vorzug vor pragmatischen Gesichtspunkten gegeben werden sollte. Ergebnis dieser Überlegungen ist für Birnbacher das Akzeptieren des Hirntodkriteriums als relevantes und gleichermaßen eingängiges Todeskriterium.

Als Hirntod wird der irreversible und vollständige Funktionsverlust des gesamten Hirns, einschließlich des Stammhirns, verstanden. Durch den Hirntod sind das Bewusstsein wie auch die Integration von Körperfunktionen irreversibel erloschen. Birnbacher geht auf die emotionalen Schwierigkeiten ein, die mit dem Erscheinungsbild künstlich beatmeter Hirntoter einhergehen, da sie äußerlich lebendig wirken können, doch er begreift dieses „emotionale Paradox" (Birnbacher 1999, 74) als Preis, der für die Benefits der Transplantationsmedizin zu bezahlen ist, und er weist zudem noch auf seine dritte Forderung nach einem intersubjektiv gültigen Todeskriterium hin – es darf nicht ausschlaggebend sein, ob ein Mensch als tot oder lebendig empfunden wird, um seinen Tod festzustellen.

Das Hirntodkriterium hat das alte Todeskriterium des Herz-Kreislauf-Todes zumindest teilweise abgelöst. Doch die Vorstellungen, wann ein Mensch als tot gelten kann, sind kulturrelativ. Beispiele für die kulturell unterschiedlichen Auffassungen über den Eintritt des Todes beschreibt der Anthropologe Nigel Barley in seinem lesenswerten Buch „Tanz ums Grab", das erstmals 1995 erschien. Er berichtet von den Dowayo, bei denen jeder Mensch, der in Ohnmacht fällt, als tot angesehen wird. Wacht er wieder auf, so ist er wieder lebendig. Der Tod gilt nicht als irreversibler Zustand, sondern ist ein Vorgang, der sich ändern kann (Barley 1998, 58). Die Codierung des menschlichen Lebens in tot versus lebendig gilt nicht überall. Die kulturellen Praktiken rund um den Tod sind schier endlos. Bei den Toraja gibt es in den meisten Haushalten eine Großmutter, die aber nicht immer im Sinne gängiger Todesdefinitionen am Leben sein muss. Die Leiche wird in Stoff gehüllt und verbleibt so lange im Haus, bis das Begräbnis stattfindet, was unter Umständen Jahre dauern kann. Derart verpackte Großmütter galten bei den Toraja nicht als tot, sondern als schlafend (Barley 1998, 67f.).

Die scheinbar universell gültigen Definitionen des Todes erweisen sich als zutiefst kontextabhängig. Auch die in Europa des 18. Jahrhunderts verbreitete Furcht, lebendig begraben zu werden, gibt Auskunft über die schwierige Bestimmung eindeutiger Todeskriterien. Zahlreiche Berichte über Tote, die aus ihren Gräbern schrien oder in eigenartigen Positionen exhumiert worden waren, griffen in der Bevölkerung um sich und veränderten auch den Umgang mit Leichnamen. Die Wartezeit bis zur Beerdigung wurde verlängert, in vielen Testamenten wurden besondere Vorkehrungen getroffen, um ein vorzeitiges Begräbnis zu verhindern. Die Toten sollten durch Schmerzreize aufgeweckt werden, es wurden auch spezielle Signalvorrichtungen wie beispielsweise Glocken an den Gräbern angebracht (Ariès 2005, 508). Angeblich verfügte noch Alfred Nobel in seinem Testament, dass seine Venen nach seinem Ableben aufgeschnitten werden sollten.

Der natürliche Tod

In der Diskussion um Tod und Sterben wird der *natürliche Tod* als der Tod beschrieben, den ein Individuum nach Ablauf seiner – als natürlich angenommenen – Lebensspanne erleiden muss. Je nach Definition des Alterungsprozesses wird in Biologie und Medizin angenommen, dass ein Organismus nicht unendlich lange leben kann, weil sich entweder seine Kräfte erschöpfen oder biologische Abläufe nicht unbegrenzt funktionieren können. Gegenbegriff dazu ist der *akzidentielle*, der unnatürliche Tod, der einen Menschen durch Unfall, Erkrankung oder Gewalteinwirkung ereilt. Der natürliche Tod wird zumeist als guter Tod beschrieben, der akzidentielle Tod im Gegensatz dazu als ein Übel, das gesellschaftlich vermieden werden sollte – jeder Mensch sollte das Recht haben, seine Lebenszeit nach Möglichkeit bis zum Ende auszunützen.

Die Unterscheidung natürlich versus akzidentiell ist nicht von allen Theoretikern des Todes in dieser Form vertreten worden. Für Vladimir

Jankélévitch (2005, 489f.) ist der Tod stets gewaltsam, wenn er über einen Menschen hereinbricht. Auch der Tod infolge von Erkrankung ist für ihn nicht natürlich, sondern durch eine gewaltsame Einwirkung der Krankheit. Jean Beaudrillard beschreibt in seinem Werk „Der symbolische Tausch und der Tod" (1976) den natürlichen Tod als ideale, genormte Form des Todes, der am Ende der Akkumulation des Lebens steht und der biologischen Definition des Todes entspricht. „Der natürliche Tod bedeutet also keine Akzeptierung des Todes, der zur ‚Ordnung der Dinge' gehörte, sondern eine systematische Leugnung des Todes" (Beaudrillard 1982, 255). Für Beaudrillard steht dem Recht auf einen natürlichen Tod die gesellschaftlich auferlegte Pflicht gegenüber, auch einen natürlichen Tod zu sterben.

Mit der Diskussion um den natürlichen Tod wird auch die Frage laut, ob der Tod überhaupt oder nur der akzidentielle Tod ein Übel für Menschen ist, die ihn erleiden. In der Geschichte wurde diese Frage höchst unterschiedlich beantwortet. Die nächsten Kapitel werden dieses Thema behandeln.

2

Der Tod zwischen Unsterblichkeit und Ernst: Von Platon zu Kierkegaard

Besprochen werden grundlegende philosophische Todesinterpreta-tionen, die von der griechischen und römischen Antike bis zum 19. Jahrhundert stellvertretend für die elementaren Diskussionen um Tod und Sterben stehen. Platon steht am Anfang der Lehre von der Unsterblichkeit der Seele, die bis ins 19. Jahrhundert die philo-sophische Diskussion beschäftigt. Die Antike ist auch von der Frage geprägt, ob der Tod ein Übel sein kann; sie lehrt, von der Todes-furcht abzulassen, da der Tod nicht erfahrbar ist und damit nichts Schlechtes in ihm sein kann. Die These vom „Philosophieren heißt sterben lernen" findet sich bei Platon, Cicero und Montaigne, die sich um Argumente für die Möglichkeit einer Vorbereitung auf den Tod bemühen. Auch der Gedanke von der Parallelisierung der Zeit vor der Geburt und nach dem Tod ist bereits in der Antike angelegt und wird von Lukrez, Cicero und Seneca vorgebracht. Das Mittel-alter steht im Bann christlicher Glaubensvorstellungen und damit einhergehenden Fragen nach der Gerechtigkeit Gottes im Jenseits, den möglichen Strafen, die ein Individuum zu erwarten hat, und die Möglichkeit der körperlichen Auferstehung nach dem Jüngsten Gericht. Neuzeitliche Philosophien greifen kritisch die Lehre von der Unzerstörbarkeit der Seele wieder auf.

Die Unsterblichkeit der Seele: Platon

In seiner „Apologie des Sokrates" entwirft Platon (428–348 v. Chr.) eine zentrale Betrachtung des Todes. Sokrates wurde vom Volksgericht in Athen der Gottlosigkeit und der Verführung der Jugend angeklagt. Mit einer knappen Mehrheit wurde er für schuldig befunden und zum Tod durch den Schierlingsbecher verurteilt. Das Angebot seiner Freunde, ihm bei der Flucht zu helfen, schlug Sokrates aus. Er wollte die Gesetze, die er immer verteidigt hatte, auch weiter beachten. Und eine Flucht vor einem möglichen Fehlurteil hätte zugleich auch die Flucht vor einem dennoch rechtmäßigen Urteil bedeutet.

In der „Apologie", der von Platon verfassten Verteidigungsrede des Sokrates, lässt Platon Sokrates zu der Anklage Stellung beziehen. Platon widmet sich zunächst der Anklage und dem Strafmaß. Im dritten Teil der Verteidigung geht Platon in den Worten des Sokrates auf den Tod und die Frage nach der Furcht vor dem Tod ein. Hier urteilt Platon, dass der Tod kein Übel sei, und er begründet seine Überzeugung durch eine Reihe von Argumenten. Der Tod kann nämlich nur zweierlei bedeuten: entweder das Nichtsein, das einem angenehmen, traumlosen Schlaf gleicht, oder eine Art Reise der Seele an einen anderen Ort.

Beide Möglichkeiten sind wünschenswert und nicht bedrohlich. Daraus kann gefolgert werden, dass die Furcht vor dem Tod unbegründet ist, da es sich beim Tod um etwas Gutes handelt. Beide Optionen stehen für Platon offen, er gibt in der „Apologie" keiner der Möglichkeiten den Vorzug. Ist der Tod das Nichtsein, hat der Verstorbene auch keinerlei Empfindung mehr und der Tod gleicht dem Schlaf. In diesem Fall ist der Tod ein Gewinn, denn, so das Argument, der schönste Schlaf ist traumlos – der Tod gleiche dann einer Nacht. Sollte der Tod aber eine Übersiedelung der Seele an einen anderen Ort sein, dann ist er auch ein Gut. Denn die Unterwelt ist verheißungsvoll, warten doch dort Gespräche mit verstorbenen Helden und die Begegnung mit den wahren Richtern. So kann Sokrates auch erklären, seinen Richtern im Diesseits nicht besonders böse zu sein. Gelassen sieht er der Urteilsvollstreckung entgegen, der Tod hat keinen Schrecken für ihn.

In Platons Dialog „Phaidon" ist der Tod des Sokrates noch einmal zentraler Gegenstand. Doch anders als in der „Apologie" ist hier die Frage nach der Unsterblichkeit der Seele das zentrale Verhandlungsthema des Gesprächs. Im „Phaidon" werden der letzte Tag im Leben des Sokrates und seine Hinrichtung geschildert. Sokrates empfängt zunächst seine Frau Xanthippe und seinen kleinen Sohn, lässt diese jedoch wieder fortbringen, da der Kummer seiner Frau zu groß ist. Mit seinen Freunden und Schülern, die ihn im Gefängnis besuchen, verbringt Sokrates die Zeit vor der Hinrichtung philosophierend im Gespräch. Er vertritt gegenüber seinen Schülern die Ansicht, dass der wahrhaft Philosophierende den Tod anstrebt, da der Tod die Seele vom Leib befreit. Platon lässt Sokrates eine Reihe von Argumenten vortragen, die die Unsterblichkeit der Seele beweisen sollen. Alles, was ist, entsteht aus seinem Gegenteil, und zwar in beide Richtungen, so das erste Argument. Wachen entsteht aus Schlafen, Schlafen aus Wachen. Ebenso verhält es sich mit dem Tod und seinem Gegenteil, dem Leben. Auch hier gibt es einen Wechsel vom Leben in den Tod, und umgekehrt: vom Tod ins Leben. Denn würde aus dem Tod kein Leben entstehen, so das zusätzliche Argument, dann gäbe es bald kein Leben mehr.

Der zweite Gedankenschritt setzt an der *Anamnesis* an: der Lehre von der Wiedererinnerung. Die Anamnesis ist jedoch nur vor dem Hintergrund der platonischen Ideenlehre verstehbar. Ideen sind bei Platon nicht etwa – wie der heutige Sprachgebrauch nahelegen würde – Einfälle oder originelle Gedanken, sondern Urbilder der Dinge, unkörperliche Gegenstände, Musterbilder. Die sinnlich erfahrbare Welt, mit ihrer Vielzahl von Gegenständen, Dingen und Lebewesen, ist vergänglich, das Reich der Ideen jedoch ewig und unabänderlich. Die wahrnehmbaren Gegenstände der Welt sind Abbilder dieser Urbilder, der Ideen, und haben ihr wahres Sein durch die Teilhabe (*méthexis*) an ihnen; sie entsprechen den Ideen aber nicht vollständig. So haben die einzelnen Menschen als Individuen Anteil an der Idee des Menschen, ein einzelner Baum Anteil an der Idee des Baums, etwas, das schön genannt wird, an der Idee des Schönen. Doch die Ideen selbst sind nicht über die sinnliche Wahrnehmung, sondern nur auf dem Weg des Denkens zugänglich.

Wie ist es also möglich, dass Ideen gedanklich erfasst werden, obwohl sie doch nicht sinnlich wahrnehmbar sind? Die Kenntnis von Ideen kann für Platon dadurch möglich sein, dass eine Wiedererinnerung an ein schon früher Gewusstes stattfindet. Platon geht davon aus, dass die Seele vor der Entstehung des Körpers der reinen Ideen ansichtig wird, mit der Geburt aber die unmittelbare Anschauung der Ideen verliert. Die Fähigkeit, sich an die Ideen wieder zu erinnern, bleibt jedoch bestehen. Jedes Lernen und jede Erkenntnis ist Anamnesis, ist Wiedererinnerung.

Für das Problem des Todes bedeutet dieser Argumentationsschritt, dass die Seele bereits vor der Geburt bestanden hat. Daraus folgt, dass die Seele den Körper offensichtlich nicht braucht, um zu bestehen. Das ist das zweite Argument, das die Unsterblichkeit der Seele beweisen soll.

In einem dritten Schritt geht Platon in den Worten des Sokrates auf die Beschaffenheit der Seele ein. Er unterscheidet zusammengesetzte und einfache Dinge. Zusammengesetzte Dinge bestehen aus einzelnen Teilen, wie beispielsweise ein Schiff aus Planken, Segel usw., daher können sich zusammengesetzte Dinge wieder in ihre einzelnen Bestandteile auflösen. Anders verhält es sich mit der Seele: Sie ist unsichtbar und unteilbar, also etwas Einfaches. Daher kann sie weder vergehen noch vernichtet werden. Der vierte und letzte Teil der Argumentation für die Unsterblichkeit der Seele betrifft das Merkmal der Lebendigkeit. Dieses Argument ist begrifflicher Art und soll zeigen, dass es Dichotomien gibt, Zustände, die einander ausschließen. Sokrates erklärt anhand einiger Beispiele, warum sich Seele und Tod wechselseitig nicht zulassen können. Wärme schließt Kälte aus, die Zahl Drei die Idee des Geraden, das Künstlerische schließt das Unkünstlerische aus. Analog dazu verhält es sich mit der Seele, der die Lebendigkeit wesenhaft innewohnt und die daher den Tod ausschließt. So geht Sokrates in Platons Dialog getrost und ohne Furcht in den Tod. Als Philosoph ist er zeitlebens auf der Suche nach Wahrheit und Erkenntnis gewesen, die sich jedoch nur durch Vernunft, nicht durch sinnliche Erfahrung erschließen kann. Im Jenseits jedoch scheint die Seele befreit von den Hemmnissen des Körpers, von Schmerzen, Leid und Begierden, die von wahrer Erkenntnis nur abzulenken vermögen.

Das Nichts des Todes: Epikur

Epikur (341–271 v. Chr.), sechs Jahre nach dem Tode Platons auf der griechischen Insel Samos geboren, geht einen vom Akademiegründer völlig anderen Weg, um dem Problem des Todes beizukommen. Die Hoffnung auf eine Fortexistenz der Seele nach dem Tode ist kein Gegenstand seiner hedonistischen Ethik, er versucht im Gegenteil, die Furcht vor dem Tod als eine unberechtigte, gegenstandslose Furcht aufzudecken. Es geht ihm also darum zu zeigen, dass der Tod für den Einzelnen keine Bedeutung haben sollte, denn das gute Leben ist für ihn durch die Freiheit von Schmerzen, physischen wie psychischen, gekennzeichnet. Da die Todesfurcht neben der Furcht vor den Göttern als eines der größten Hindernisse für das *telos* (Ziel) des guten Lebens erscheint, ist es für ihn wesentlich, diese Furcht zu beseitigen. „Der Tod geht uns nichts an, denn solange wir existieren, ist der

Tod nicht da, und wenn der Tod da ist, existieren wir nicht mehr", so Epikur (Abs. 125) in der berühmtesten Passage seines Briefes an Menoikeus. Sein Hauptaugenmerk gilt nicht der Frage nach der Natur des Todes, sondern richtet sich auf den richtigen Umgang mit dem Problem des Todes im Leben. Er fokussiert die psychische Verfasstheit der Individuen im Umgang mit dem Tod und orientiert sich am Diesseits.

Epikur versteht den Tod als irreversiblen Verlust unseres Bewusstseins. Denn nach seiner Lehre ist die Seele körperlich, aus Atomen zusammengesetzt, und sie löst sich nach dem Tod in ihre Atome auf. Der Tod ist das absolute Ende des Individuums, da die Seele nicht ohne den Körper existieren kann. Daher kann es keine Empfindung nach dem Tod geben, der Tod ist der Verlust der Wahrnehmungsmöglichkeit. So vergeht mit dem Tod das Bewusstsein, und ohne Bewusstsein sind die Erfahrung eines Zustands oder Sachverhalts und seine Bewertung nicht möglich. Ist er da, fehlt das Substrat seiner Erfahrbarkeit – daher ist er nicht zu fürchten. Daraus schließt Epikur, dass der Tod uns nichts angehe. Und er rät, sich an diesen Gedanken zu gewöhnen. Da Gutes oder Schlimmes allein aus der Wahrnehmung herrührt, die mit dem Tode endet, muss er auch nicht mehr gefürchtet werden. Der Angelpunkt der epikureischen Lehre ist das gute Leben, das ohne Todesfurcht zu führen ist. Die Furcht vor dem Tod behindert die Lebenden in einer geglückten Lebensführung. Der Verlust der Todesfurcht jedoch lässt sie frei werden für ein gelingendes Leben.

Durch die Erkenntnis, dass der Tod uns nicht angehe, sind die Menschen befähigt, ihr Leben erst zu genießen. Obwohl die zeitliche Begrenztheit unseres Daseins nach wie vor besteht, würde diese Einsicht in den Tod als ein Nichts, das uns nicht angeht, die Angst vor dem Tod nehmen. Der Tod ist für den Einsichtigen also kein Übel, und verliert der Tod seinen Schrecken, so verliert auch das Leben seinen Schrecken: Die unvernünftige Sehnsucht nach Unsterblichkeit schmälert nicht das Streben nach einem glückvollen Diesseits.

Die Unvorstellbarkeit des Todes: Lukrez

Der römische Dichter und Philosoph Lukrez (99/94–55 v. Chr.) schließt in seinem Werk „De rerum natura" an Epikur an. Im dritten Buch beschreibt er Seele und Körper als eine Einheit, die untrennbar miteinander verbunden sind. Für Lukrez entstehen Seele und Leib gleichzeitig und vergehen auch zur selben Zeit. Die Synchronizität des Vergehens von Leib und Seele lässt Lukrez zu demselben Schluss kommen wie Epikur: Der Tod berührt uns nicht. Mit großer poetischer Kraft legt er nahe, dass das Seelisch-Geistige ebenso sterblich ist wie der Körper und der Tod daher nichts bedeutet. Nach dem Tod kann den Toten nichts mehr treffen, nichts mehr berühren, kein Gefühl kann ihn mehr erregen. In seiner Analyse erweist sich Lukrez als ein ungeheuer genauer Beobachter der Ängste vor dem Jenseits mit seinen körperlichen Bestrafungen und Schrecknissen. Und dieser Furcht will er beikommen, indem er sie als unrichtig und gegenstandslos enttarnt. Er vertritt die Ansicht, dass nur ein Narr diesseitige Erlebnisse und Ängste in ein fälschlich angenommenes Jenseits überträgt.

Lukrez schildert diese *Wahngedanken* über die Qualen des Jenseits detailliert – auf einem Rost braten zu müssen, in Honigklumpen zu ersticken, durch das Gewicht der Erde zerdrückt werden –, doch der Fehler an diesen Vorstellungen liegt an einer fehlerhaften Idee über das Danach des Todes, genauer gesagt darin, dass der Standpunkt eines Ich erhalten bleibt und damit das Weiterbestehen der Empfindungsmöglichkeit angenommen wird. Diejenigen, die an das Weiterbestehen von Empfindungen nach dem Tod glauben, erliegen einer falschen Vorstellung über den Tod und dem, was mit dem Tod kommen mag. Der Fehler besteht für Lukrez darin, dass ein kleiner Rest vom Bewusstsein der eigenen Person in der Vorstellung des Jenseits bestehen bleibt, ohne dass dieser Fehler bemerkt würde. „[Er] kann sich nicht ganz vom Leben noch scheiden, sondern er lässt noch ein Restchen vom Ich auch jenseits bestehen, ohn' es zu merken" (Lukrez 1991, 172). Dieses kleine Restchen Ich, das die Vorstellungen über den eigenen Tod begleitet, ist ein empfindendes Ich. Für Lukrez, der den Tod als Ende jeder Empfindungs- und Existenzmöglichkeit begreift, ist es eine irregeleitete Vorstellung. Der Fehler besteht darin, sich etwas vorzustellen, wovon es nichts vorzustellen gibt.

Lukrez parallelisiert die unendliche Zeit vor der Geburt mit der Ewigkeit nach dem Tod. Die Zeit dazwischen, die Zeit des Lebens also, ist einmalig und jedenfalls von kurzer Dauer, egal wie erfolgreich das Bestreben sein mag, sie zu verlängern. Die Beschreibung der unendlichen Zeiträume vor der Geburt und nach dem Tod legt nahe, dass die Zeit des Nichtlebens angesichts der Lebenszeit verschwindend klein ist und die Vorstellung der Zeit vor der Geburt wie ein Spiegelbild der Zeit nach dem Tod entspricht. Gegen das Symmetrieargument des Lukrez, das den Tod als Spiegelbild der dem Leben vorausgehenden Zeit beschreibt, sind bedeutende Einwände formuliert worden.

Der amerikanische Philosoph Thomas Nagel (1992, 388) hält in diesem Zusammenhang kritisch fest, dass zwar niemand in dem Zeitraum vor seiner Geburt oder nach seinem Tod existiert, doch dass der Tod insofern ein Übel sei, als dass er dem, der stirbt, Lebenszeit raubt. Es macht einen Unterschied, ob ein Mensch länger leben kann oder nicht. Diesen Verlust an Lebenszeit, egal wie lang die Spanne vorgestellt sein mag, erleidet derjenige, der gestorben ist. Das Übel daran ist die Vereitelung von Lebensplänen und Vorhaben, die Verwirklichung von Wünschen, die Personen für die Zukunft haben. Nagel (2001, 19) weist darauf hin, dass es wohl weniger der Zustand des Totseins ist, der Menschen ängstigt, wohl aber der Tod selbst als Verlust des Lebens, das reich an Wünschen und Vorhaben ist. Doch für Lukrez ist der Tod selbst, nicht nur der Zustand des Totseins, kein Übel. Für ihn kommt es darauf an, das Leben von der Hemmnis der Todesfurcht zu befreien. Man soll als gesättigter Gast von der Tafel des Lebens scheiden und sich von der irrationalen Furcht vor dem Tode befreien.

Das Primat der Erfahrbarkeit: Cicero

Der Frage, ob der Tod ein Übel für denjenigen darstellt, der ihn erleidet, geht auch Cicero (106–43 v. Chr.) in seiner Schrift „Gespräche in Tusculum" nach. Seine Argumente sind den Bestimmungen Epikurs und auch denen seines Zeitgenossen Lukrez sehr ähnlich. Auch Cicero betont, dass die Toten eben nicht mehr am Leben sind. Da das Leben aber als Voraussetzung für Empfindung und Erfahrung gilt, so kann der Tod auch kein Übel darstellen. Doch was, wenn gerade der Verlust der Empfindungen, der Verlust dessen, was das Leben an Gütern bereitstellt, ein Übel ist? Auf den Einwand seines Gesprächspartners, dass beispielsweise das Unglück Crassus' darin bestehe, seine Reichtümer durch den Tod zu verlieren, oder das Unglück des Pompeius, seinen Ruhm zu verlieren, wird mit einem Argument geantwortet, das dem Symmetrieargument des Lukrez gleicht: Es gibt nach dem Tod kein Unglück – so wie es vor der Geburt auch kein Unglück gegeben hat. Die Toten zu bedauern wäre demnach genauso, wie nicht Geborene zu bedauern. Wer täte das schon? Der Tod ist der Zustand der Ruhe, der dem Zustand vor der Geburt gleicht. Wären Qualen nach dem Tod erwartbar, so müsse man annehmen, dass es solche Qualen bereits vor der Geburt gegeben hätte.

Doch Cicero geht einen Schritt weiter: Nicht nur das Totsein selbst, auch das Sterbenmüssen ist kein Unglück. Denn, so sein logischer Schluss, wenn Totsein selbst kein Unglück ist, so kann auch der Weg dorthin, das Sterben, kein Unglück sein. Das Leben, das im Tod mündet, ist nichts anderes als „sterben lernen". Cicero (1991, 87) bezieht sich hier auf den platonischen Gedanken, dass gerade die Philosophen sich im „sterben lernen" üben: „Das ganze Leben der Philosophen ist ja, wie derselbe Sokrates sagt, eine Bekümmerung um den Tod." Philosophieren ist nichts als eine Einübung in die Trennung des Körpers von den Fesseln der Seele. Im 16. Jahrhundert wird Montaigne diesen Gedanken wieder aufgreifen.

Gelassenheit gegenüber dem Tod: Seneca

Auch Seneca (4/1 v. Chr.–65 n. Chr.), Erzieher des Nero und der philosophischen Tradition der jüngeren Stoa angehörend, rät zur vernunftgeleiteten Gelassenheit gegenüber dem Tod. Er selbst wurde von seinem ehemaligen Schüler zum Suizid gezwungen – und kam dieser Aufforderung umstandslos nach, indem er sich die Pulsadern aufschnitt. Die Gelassenheit gegenüber dem Tod ist für Seneca die richtige Haltung gegenüber seiner Unausweichlichkeit. In seinen „Briefen an Lucilius" rät er dem Freund, immer an den Tod zu denken, ihn aber nie zu fürchten. Die geistige Vorbereitung auf den Tod ermöglicht es, dem Tod mit Heiterkeit entgegenzutreten. Ein wahrer Stoiker fürchtet den Tod nicht. Der Tod, der Ziel des Lebens ist, ist für alle eine unumstößliche Gewissheit, auf die es sich vorzubereiten lohnt. Gelassenheit dem Tode gegenüber ist jedoch nur durch eine lange Vorbereitung auf ihn möglich. Da der Tod eine Gewissheit ist und nur das Ungewisse Anlass zur Furcht gibt, schließt Seneca, dass es töricht wäre, den Tod zu fürchten. Und nicht nur das: Der Tod versetzt die Menschen in die Lage, sich überhaupt nicht fürchten zu müssen. Die Schilderung des Todes ist eine Wohltat, gilt es doch nur, ihm ohne Furcht und mit klarem Blick zu begegnen. Bedeutet der Tod die Erlösung von den Bürden des Lebens, so macht er die Menschen frei davon, was begrüßenswert ist.

Bedeutet der Tod die Auslöschung, so vernichtet er alles und bringt die völlige Empfindungslosigkeit.

Auch Seneca zieht eine Parallele zwischen dem Zustand vor der Geburt und nach dem Tod. Er bedient sich des Bildes einer Lampe, für die das Erlöschen ebenso wenig tragisch ist wie die Tatsache, nicht angezündet zu sein. Vor der Geburt und nach dem Tod ist nichts als Ruhe, Nichtsein. Wären mit dem Tod Qualen verbunden, so müsste es diese Qualen auch im Zustand vor der Geburt gegeben haben. Da dies nicht zutrifft, ist auch die Furcht vor dem Tod gegenstandslos.

Aus der Perspektive des sterbenden Geschichtenschreibers Aufidius Bassus schildert Seneca die nötige Einstellung zum Tod, den zu fürchten einer Torheit gleichkommt. Was man nicht fühlt und erleidet, so Senecas Argumentation, das brauche man nicht zu fürchten. Hier folgt der römische Philosoph Epikurs Argument von der Nichtexistenz des Subjekts im Tod. Wird der Tod als Ende jeder subjektiven Erfahrungsmöglichkeit aufgefasst, so geht die Angst vor dem Tod ins Leere, weil nach dem Tod kein Subjekt gegeben ist – und damit einhergehend keine Möglichkeit von Leiden. Der Tod ist das, was dem Gefühl ein Ende macht. Furchtlosigkeit *vor* dem Tod und Auseinandersetzung *mit* dem Tod ermöglichen es für Seneca, zuversichtlich in den Tod zu gehen. In seiner „Trostschrift an Marcia" warnt er eindringlich vor der Todesvergessenheit und vor einer Haltung, die alle Schrecknisse des Lebens von sich weist. „Jedem kann geschehen, was einem geschehen kann", so lautet Senecas (1996, 337) Lehre.

Gottesfurcht und Auferstehung: Augustinus, Thomas von Aquin

Am Übergang von der Antike zum Mittelalter steht der Kirchenvater Aurelius Augustinus (354–430). Seine Zeit war durch den Gewinn der Vormachtstellung des Christentums gegenüber älteren Kulten geprägt, 380 sollte das Christentum durch das Edikt „Cunctos populos" von den römischen Kaisern in den Rang einer Staatsreligion erhoben werden. Im Mittelalter dominieren christliche Glaubensvorstellungen die Auseinandersetzung mit dem Tod. Die Lehre von der Unsterblichkeit der Seele, die Erlösung der Menschen durch Christus und die fleischliche Auferstehung der Toten nach dem Jüngsten Gericht sind die Kernpunkte der christlichen Glaubenslehre. Grundsätzlich wird der

Tod als Zäsur gesehen, im Hinblick auf die Unsterblichkeit der Seele aber nur als Schritt *innerhalb* des individuellen Lebens, wobei es darauf ankommt, wie schuldbeladen die Seele den Körper und damit das irdische Leben verlässt: Nach dem Tod werden die Menschen für gute Taten belohnt, für böse bestraft.

Sein wechselvolles Leben und seine Hinwendung zum Christentum beschrieb Augustinus in den „Confessiones", was wörtlich Bekenntnisse bedeutet. Seine Schrift ist eine radikal offene Lebenserzählung, aber auch eine Zwiesprache mit Gott. Im vierten Buch der „Confessiones" erzählt Augustinus (1987, 151) eindringlich von der Erkrankung und dem Tod eines Freundes und schildert seine Erschütterung und Trauer: „Vom Schmerz darüber ward es finster in meinem Herzen, und was ich ansah, war alles nur Tod." Der Tod des Freundes lässt ihn fremd werden in seiner Welt und stößt ihn in seine eigene Todesgewissheit. Doch er schiebt diese Erfahrung beiseite und wendet sich bald wieder dem Alltagsleben zu, nur um bald erkennen zu müssen, dass sich der Freund weder ersetzen noch die eigene Trauer lindern lässt. Er begreift, dass sein Schmerz so groß war, weil sein Herz an einem Sterblichen hing, den er so geliebt hat, als wäre dieser unsterblich gewesen. Die Unvorstellbarkeit vom Tod der Liebsten, die Unfassbarkeit ihres Todes, kommt in seiner Darstellung deutlich zutage. Doch die Last des Todes, seine Bitterkeit und die daraus folgende Erkenntnis der Sterblichkeit stellen sich für Augustinus letztlich als Wege zu Gott heraus. Allein durch die Existenz eines allmächtigen und ewigen Gottes und im Glauben an ihn kann der Mensch Bestand haben, kann über den Tod hinaus weiterleben.

Der Mensch ist bei Augustinus durch seine körperliche Sterblichkeit und die Möglichkeit, diese in Gott zu überwinden, charakterisiert. Die Frage, wie einem Menschen Unsterblichkeit zuteil werden kann, behandelt Augustinus in seinem Hauptwerk „De civitate Dei", das er im Jahre 427 beendete. Im zehnten der 22 Bücher zeichnet er die Grundzüge von der Gerechtigkeit Gottes auf. Zunächst zitiert er aus dem Buch Kohelet (2,3): „Wahn, nur Wahn, spricht der Prediger. Wahn, nur Wahn, alles ist Wahn. Was bleibt dem Menschen, bei all seiner Mühe, die er sich macht unter der Sonne?" Angesichts der *vanitas*, der Eitelkeit und Vergänglichkeit in der Welt, ist das Befolgen der Gebote Gottes der einzige Weg des Menschen, um vor dem Jüngsten Gericht, dem sich alle stellen müssen, bestehen zu können. Da der Mensch durch den Sündenfall Adams im Paradies mit der Erbsünde und daher mit dem Tod behaftet ist, ist es ihm ausschließlich durch die Taufe und in der Gemeinschaft der Kirche möglich, ewiges Heil zu erlangen.

Augustinus spricht von zwei Toden und zwei Auferstehungen: Die erste ist die Auferstehung der Seelen nach dem Tod, die zweite ist die Auferstehung des Fleisches nach dem Jüngsten Gericht. Nach seinem physischen Tod kann es für einen Menschen nur den Himmel oder die Hölle geben. Die Qualen der Hölle werden bei Augustinus als körperliche, sinnlich spürbare Qualen beschrieben. Erst nach dem Jüngsten Gericht kann den Menschen ein ewiges, glückseliges und leibliches Leben zuteil werden – oder der ewige Tod. Im 13. Buch von „De civitate Dei" findet man eine Bestimmung des Lebens als *Sein zum Tode*, wie sie eineinhalbtausend Jahre später in frappant ähnlicher Form bei Heidegger zu finden sein wird: Ab seinem Beginn verkürzt sich die Lebenszeit nach und nach, das Leben läuft stückchenweise in den Tod, was genau dem antiken „Philosophieren heißt sterben lernen" entspricht.

Auch ein anderer Kirchenlehrer, nämlich Thomas von Aquin (1225–1274), beschreibt den Tod als Trennung von Leib und Seele, eine Definition, die im Rahmen der christlichen Tradition bis heute gängige Lehre ist. Im dritten Buch der „Summa contra gentiles" behandelt Thomas die Angst und die Flucht der Menschen vor dem Tod. Das Leben ist, egal wie glücklich es scheinen mag, doch immer von Krankheit und Unglück begleitet, selbst das größte Glück vergeht mit dem Tod. Umso dringlicher muss daher die Frage nach dem Weiterleben und der Erlösung durch Gott gestellt werden. Mit dem Tod vergeht in der thomistischen Auffassung die Möglichkeit der Nachlassung von Todsünden (Düren 1996, 143). Im vierten Buch der „Summa contra gentiles" beschreibt Thomas die Ereignisse, die nach dem Tod bevorstehen: Über das Individuum wird im *Partikulargericht* unmittelbar geurteilt. Es entscheidet sich also schon zu diesem Zeitpunkt, ob unmittelbar die Qualen der Hölle, die Läuterung durch das Fegefeuer oder der direkte Aufstieg in den Himmel anstehen. Beim Jüngsten Gericht hingegen wird Christus selbst am Ende der Zeit über alle Menschen richten.

Da in der Anschauung des Thomas die Seele nach ihrer Trennung vom Körper zwar weiterlebt, aber ohne ihn unvollkommen ist, muss der Körper ebenfalls auferstehen. Die endgültige Auferstehung nach dem Jüngsten Gericht ist als körperliche Auferstehung konzipiert, die zugleich Unsterblichkeit bedeutet. Da in der katholischen Tradition der Tod die Folge der Ursünde ist und Jesus durch seinen Tod die Menschen von der Erbsünde losgekauft hat, werden alle Menschen zum Jüngsten Gericht auferstehen – ob Sünder oder Gerechte. Im Himmel werden in Thomas' Konzeption allerdings sowohl Sexualität als auch die Notwendigkeit der Nahrungsaufnahme hinfällig, da die vollkommene Glückseligkeit durch die Möglichkeit zur Schau Gottes gegeben ist.

Thomas von Aquin bezieht sich auch auf ein besonderes Problem, das seit Augustinus die Jenseitsvorstellungen begleitet hat: die Frage nach der Heilsmöglichkeit ungetauft gestorbener Kinder. Zwar wurden die meisten Kinder so rasch als möglich getauft, aber es gab Totgeburten und Neugeborene, die nicht bis zur Taufe überlebten. Da es bei Augustinus ausschließlich Himmel oder aber Hölle gab und die Taufe als notwendige Voraussetzung für die Gnade Gottes galt, kamen die Seelen der ungetauften Kinder in die Hölle. Dies schien keine sehr angemessene Bestrafung, zudem Totgeborene ja nur mit der Erbsünde behaftet waren. Thomas entwarf eine sehr genaue Einteilung der verschiedenen Sünden und der dazugehörenden Strafen. Die Größe der Schuld und die Härte der Strafe sollten in Relation zueinander stehen; die Strafe bestand immer in einem Teil aus der Entfernung von Gott und seiner Gnade und aus körperlichem Leiden. Gottes Gerechtigkeit sollte sich in der Angemessenheit der Strafe widerspiegeln. Thomas bestimmte nun die Strafe für ungetaufte Kinder zwar im Fehlen von physischen Qualen, da sie bis auf die Erbsünde ohne Sünden waren, aber gleichzeitig auch in der Unmöglichkeit zur glückselig machenden Anschauung Gottes. Ergänzend kam der Umstand hinzu, dass das Fehlen der Gottesschau von den Seelen der ungetauften Kinder auch nicht als psychische Qual empfunden werden konnte. Begründet wurde dieser Umstand mit der Annahme, dass Totgeburten ohne ausgebildete Vernunft und somit ohne Möglichkeit zur Sehnsucht nach Gott gestorben sind.

Insgesamt veränderte sich die Topographie des Jenseits; der *Limbus*, der Rand der Hölle, kam hinzu. Jacques Le Goff (1984, 9f.) spricht in diesem Zusammenhang von einer kartographischen Umgestaltung der Hölle, die nach der Jahrtausendwende betrieben wurde. Da das erwartete Weltgericht nach dem Tausendjährigen Reich Christi nicht eingetroffen war, richtete sich die Aufmerksamkeit wieder auf die erwartbaren Strafen im Jenseits. In den Limbus, der im Volksmund auch als „Abrahams Schoß" bezeichnet wurde, sollten die Seelen der ungetauften Kinder kommen, ohne Qualen, jedoch auch ohne Hoffnung auf endgültige Auferstehung und Gottesschau. Erschwerend kam hinzu, dass Ungetauften allgemein kein Begräbnis auf dem Friedhof, in geweihter Erde, erlaubt war. Diese Bestimmungen führten zum Phänomen der Wundertaufen, das mittlerweile sehr gut beschrieben ist (Pahud de Mortanges 2004, Gélis 2006). Es entstanden Wallfahrtsorte, zu denen Frauen ihre totgeborenen Kinder brachten. Die toten Babys sollten dann wie durch ein Wunder für eine so kurze Zeit Lebenszeichen von sich geben, dass sie schnell getauft werden konnten, bevor sie wieder „verstarben". Damit war ihr Seelenheil gerettet und ein Begräbnis innerhalb des Friedhofs möglich.

Die theologische Diskussion um den Limbus zieht sich bis in die jüngste Vergangenheit: 2007 kursierte in den internationalen Medien das Gerücht, der Papst hätte die Vorhölle abgeschafft. Die Internationale Theologenkommission der Katholischen Glaubenskongregation legte ein Dokument vor, in dem die Existenz eines Limbus (oder Vorhölle) in Abrede gestellt wird. Doch die Vorstellung vom Limbus war nie ein verbindliches katholisches Dogma und wird daher im Katechismus der katholischen Kirche von 1993 auch nicht erwähnt. Die Erkenntnisse der Theologenkommission haben keinen verbindlichen Charakter. Benedikt XVI. hat sich ex cathedra bis heute nicht zum Problem des Limbus geäußert und entsprechend auch keinerlei lehrverbindliche Richtlinien dazu ausgesprochen. Die Vorhölle für ungetauft verstorbene Kinder wurde also bis heute nicht abgeschafft.

Nicht nur das Phänomen der Wundertaufen zeigt, dass der Tod besonders im Hinblick auf Jenseitsvorstellungen und die Möglichkeit zur Erlösung problematisiert war. Im ausgehenden Mittelalter war der Tod besonders präsent: Im 14. Jahrhundert wütete die Pest in Europa und entvölkerte ganze Landstriche. Der Schwarze Tod wurde in den Totentänzen bildlich als Knochenmann dargestellt und legte Zeugnis von der Macht und der Unausweichlichkeit des Todes ab. Auch das „Decamerone" von Giovanni Boccaccio aus der ersten Hälfte des 14. Jahrhunderts kann als eindrückliches Zeugnis des *memento mori*, einer Mahnung der Lebenden, des Todes eingedenk zu sein, gelesen werden.

Leben auf Kosten des Lebens: Montaigne, Bacon

In der Neuzeit sind unterschiedliche philosophische Zugänge zum Tod festzustellen. Die Anknüpfung an die antike Tradition ist Montaigne (1533–1592) zu verdanken. In seinen „Essais" wollte er, wie er in der Vorrede an den Leser versichert, versuchen, Rechenschaft über sein Leben abzugeben. Gewidmet sind die „Essais" seinen Freunden und Verwandten zum persönlichen, häuslichen Gebrauch, um nach seinem Tod ein anschauliches Bild von der Person Montaigne bewahren zu können. Montaigne selbst wird der französischen *Moralistik* zugerechnet, jener philosophischen Literaturgattung, in der eine möglichst normfreie, nicht wertende Betrachtung menschlicher Verhaltensweisen, Sitten und Gebräuche (lat.: *mores*) im Vordergrund stand. Er selbst, als Kind eines geadelten Großkaufmanns im Südwesten Frankreichs geboren, betätigte sich zunächst in der Politik, unter anderem als Bürgermeister der Stadt Bordeaux. Im Alter von 38 Jahren, nach dem Tod seines Vaters, zog er sich auf sein Schloss zurück und widmete sich im Turmzimmer, umgeben von seiner umfangreichen Bibliothek, seinem berühmten Werk. Seine „Essais" zeichnen sich durch eine distanzierte Haltung zu dogmatischen und unaufgeklärten Positionen aus, einer grundsätzlichen Skepsis, die sich in der literarischen Form niederschlägt: ein *Versuch*, menschliche Einstellungen und Handlungsweisen zu analysieren und gleichzeitig auf eine *conditio humana* zu verweisen. Der Titel des Essays, in dem Montaigne (2002, 126–147) über den Tod reflektiert, verweist auf Platon und Cicero: „Philosophieren heißt sterben lernen". Der Tonfall des Textes ist heiter, stellenweise fast launig. Montaigne schildert nicht ohne Ironie zahlreiche Erlebnisse des Alltags, doch im Kern legt er eine intensive Auseinandersetzung mit seinen philosophischen Vorgängern vor und beschäftigt sich in anspielungsreicher Weise mit der Todesthematik.

Zunächst setzt Montaigne bei Cicero und dessen Analyse vom „Philosophieren heißt sterben lernen" an. Der Behauptung des Cicero, dass Menschen durch die Suche nach Erkenntnis und Kontemplation die Trennung der Seele vom Körper einübten, entgegnet Montaigne (2002, 127) zweierlei: Erstens sind wir Hedonisten, wir streben Lust und Vergnügen an, und das Streben nach Lust ist an sich selbst schon lustvoll. Zweitens ist die Vorgabe, das Vollkommenheitsideal der Tugendhaftigkeit zu erreichen, ein unrealistisches Ziel. Niemand, nicht einmal ein Philosoph, könne es je erreichen. Es zu behaupten, stellt sich für Montaigne als ein Irrtum heraus. Die Frage, wie sich ein zufriedenes Leben führen lässt, wenn niemand dem Tod entgehen kann, sieht er als noch unbeantwortet an.

Wie lässt sich der Furcht vor dem Tod, die das Leben hemmt und lähmt, am besten beikommen? Am Beispiel eines zum Tode Verurteilten macht Montaigne deutlich, dass der Gedanke an den bevorstehenden Tod das Leben verleidet. Schon der Gedanke an den Tod quält den Menschen, er verekelt alle Annehmlichkeiten, die schönsten Genüsse des Lebens werden durch das Wissen um die Unausweichlichkeit des Todes verdorben. Die Gewohnheit des Volkes, einfach nicht an den Tod zu denken, enttarnt Montaigne als Selbsttäuschung, als ausgesprochene Dummheit. Aufgeschoben bedeutet nun mal nicht aufgehoben. Der Tod kann uns jederzeit ereilen, so die Warnung Montaignes vor allem an jene, die denken, eine gewisse Lebensspanne sicher erwarten zu können. Hier listet er eine ganze Reihe von unerwarteten Todesfällen auf, die den allzu Sorglosen als Warnung dienen: So berichtet er beispielsweise über Aischylos, dass dieser vom Panzer einer Schildkröte tödlich getroffen wurde, die ein Adler im Flug verloren hatte. Übersetzt in die heutige Zeit, kann mit Montaigne behauptet werden, dass sich niemand auf die statistische Lebenserwartung verlassen soll, denn der Tod lauert in vielfältiger Gestalt zu jedem Zeitpunkt des Lebens.

Da niemand dem Tod entkommen kann, rät Montaigne (2002, 134) dazu, sich mit dem Tod vertraut zu machen: „Berauben wir ihn seiner Unheimlichkeit, pflegen wir Umgang mit ihm, gewöhnen wir uns an ihn, bedenken wir nichts so oft wie ihn!" Gerade weil der Tod das Ziel des Lebens ist, soll er im Leben auch Gegenstand der Reflexion und des Gesprächs sein. „Sterben lernen" besteht bei Montaigne also zu einem Teil darin, sich in den Gedanken an den Tod zu üben, sich an das Sterben in der Auseinandersetzung damit anzunähern. Montaigne spricht hier von der Demaskierung des Todes. Entgegen der landläufigen Bedeutung besteht für ihn der Schrecken nicht im Dahinter der Maske, sondern in der Maske selbst. Die Maske, die der Tod trägt, ist entsetzlich und verhindert die unverstellte Sicht auf die wahre Natur des Todes. Erst der ungetrübte Blick auf den Tod ermöglicht eine Wappnung ihm gegenüber.

Doch auch die Natur, so Montaigne (2002, 140), stelle uns ein Mittel bereit, sterben zu lernen: das Altern. Da die Bewegung von der Jugend zum Alter und zum Tod kontinuierlich verläuft und keine harten

Brüche kennt, bereitet uns der Prozess des Alterns allmählich auf den Tod vor, weil er Verluste mit sich bringt. Das Leben eines Menschen ist die Bewegung auf den Tod zu, und auch den letzten Tag im Leben müsse man nicht fürchten, da er nicht in einem größeren Ausmaß zum Tode führt als alle anderen ihm vorangegangenen Tage. Das dritte Moment beim Sterben lernen betrifft die Charakteristik des Lebens selbst. Montaigne (2002, 143) lässt an dieser Stelle die Natur selbst sprechen: „Jede Stunde, die ihr lebt, raubt ihr dem Leben – ihr lebt auf seine Kosten." Wenn der Tod als Teil des Lebens und als seine Bedingung verstanden wird, heißt leben selbst schon sterben, auf dem Weg zum Tod zu sein.

Während für Lukrez und Epikur der Tod nicht von Interesse ist, da er die lebenden Menschen nicht berühren kann, ist er für Montaigne sehr wohl ein Bezugspunkt im Leben. Der Verdienst Montaignes für das Todesverständnis besteht folglich einerseits in der Betonung des Alterns, das er in die Todesproblematik einführt, andererseits im Vorschlag, den Tod als Lebensziel und somit ein sterbliches Leben anzunehmen. Es bleibt die Frage bestehen, ob der Weg, den Montaigne hier vorzeichnet, tatsächlich als Mittel geeignet ist, der Furcht vor dem Tod beizukommen. Ob eine intensive Beschäftigung mit dem Tod im Leben nicht vielleicht dazu führt, dass die Angst vor dem Tod größer statt kleiner wird, ist ebenfalls eine offene Frage.

Ein Zeitgenosse Montaignes, Francis Bacon (1561–1626), nimmt das Thema Todesfurcht ebenfalls in seinen „Essays" auf. Er bezieht sich auf Seneca und die Passagen über die übertriebenen Ängste vor dem Tod. Bacon (2006, 6) vergleicht die Todesangst mit anderen Affekten wie Rache, Liebe, Ruhm, Kummer, Furcht und Mitleid. Er kommt zur Feststellung, dass all diese Affekte deutlich ausgeprägter sind als die Angst vor dem Tod. Man sollte die Todesfurcht also nicht überschätzen. Er gibt Beispiele berühmter Persönlichkeiten an, die gelassen in den Tod gingen und als Vorbild dienen sollen. Jedoch teilt Bacon die Ansicht der Stoiker, sich zeitlebens mit dem Tod beschäftigen zu müssen, nicht. Dieser Ansicht war ja auch Montaigne gewesen, der zu einer genauen Betrachtung des Todes und zur Beschäftigung mit ihm aufgefordert hatte. Für Bacon stellt die hohe Gewichtung des Todes im Leben einen Fehler dar. Er vertritt nämlich die Auffassung, dass der Tod durch zu große Vorbereitung auf ihn nur noch schrecklicher gemacht würde.

Noch einmal Unsterblichkeit: Descartes, Hume, Kant

Mit dem kopernikanischen Weltbild wurde die theologisch begründete Ordnung des Kosmos empfindlich gestört. In seiner Abhandlung „De revolutionibus orbium coelestium" (1543) behauptete Kopernikus, dass die Sonne – und nicht die Erde – den Mittelpunkt des Universums bildet. Doch Gott und die Gottesebenbildlichkeit des Menschen als von ihm geschaffenes Geschöpf standen noch nicht prinzipiell in Frage. Somit war der Mensch noch immer als erlösungsbedürftiges Wesen gedacht, das auf ein Weiterleben seiner Seele nach dem Tod und auf die Auferstehung hoffen durfte.

Mit René Descartes (1596–1650) wird die Frage nach der Unsterblichkeit der Seele noch einmal philosophisch abgehandelt. Seine „Meditationen über die Grundlagen der Philosophie" leitet er mit einem Widmungsschreiben ein, in dem Descartes (1994, XI) die Fragen nach Gott und der Seele als die wichtigsten philosophischen Fragen überhaupt beschreibt. Er möchte eine natürliche Begründung der Unsterblichkeit der Seele, für ihr Fortbestehen nach dem Tod finden. Zunächst scheidet er den Begriff der Seele vom Körper. Der Körper ist eine ausgedehnte Substanz (*res extensa*), die Seele eine davon gänzlich getrennte Substanz (*res cogitans*). Ausgehend von einem radikalen methodischen Zweifel ist für Descartes in einer Welt, in der sich die sinnliche Wahrnehmung als trügerisch erweist, das Bewusstsein des eigenen Denkens (*cogito ergo sum*) die einzige Gewissheit, an der er seine weiteren Überlegungen ansetzt. Der Ausschluss der sinnlichen Beobachtung, die sich letztlich als Schein herausstellen kann, folgt nur der Erkenntnis, dass er selbst ein denkendes Ding ist. In der sechsten Meditation legt er noch einmal klar, wie grundverschieden Seele und Körper sind. Der Körper ist seiner Natur nach teilbar, so Descartes (1994, 74), während der Geist unteilbar ist. Daraus folgt er, dass Gott den Menschen aus Körper und Seele zusammengesetzt hat, und da die Seele nicht materiell sein kann, ist sie auch nicht wie die materiellen Dinge vom Verfall bedroht.

Die Idee der Unsterblichkeit sollte durch David Hume (1711–1766) eine grundlegende Kritik erfahren. Hume zufolge können wir keine Idee vom Unendlichen, also von Gott haben. Alle unsere Ideen entstammen der sinnlichen Erfahrung, so sein empiristischer Grundtenor. Den historischen Ursprung der Lehre von der Unsterblichkeit der Seele setzt er jedoch im Christentum an. In seinem Essay „Über die Unsterb-

lichkeit der Seele" analysiert Hume (1984, 79–87) zunächst die Argumente, die für die Unsterblichkeit angeführt werden; er unterscheidet
dabei metaphysische, moralische und physische Argumente. Hume
geht von einer grundsätzlichen Schwierigkeit für den vernunftgeleiteten Beweis der Unsterblichkeit aus. Die Metaphysik lehrt zwar die Im-
materialität der Seele, doch der Substanzbegriff ist sehr verworren, da
wir uns unter Substanz letztlich nur die Vorstellung eines bestimmten
Aggregatzustands machen können. Nichts spricht dafür, dass sich das
Bewusstsein nach dem Tod einfach auflöst. Hume operiert hier mit
einem Argument, dass dem Spiegelargument des Lukrez von der Zeit
vor der Geburt und der Zeit nach dem Tod ähnelt. Wenn die Zeit vor
der Geburt uns nichts angeht, so wird es auch die Zeit nach dem Tod
nicht tun.

Zu den moralischen Argumenten zählt Hume zunächst jene, die aus
der Vorstellung der Gerechtigkeit Gottes abgeleitet werden. Hume stellt
fest, dass es keine Relation zwischen einem gottgefälligen, tugendhaften
Leben und der Glückseligkeit gibt. Um die Einhaltung der irdischen
Gesetze zu garantieren, wurde die Gerechtigkeit in das jenseitige Leben und die Hände eines höheren Wesens gelegt. Auch scheinen Hume
ewige Strafen des Jenseits für zeitliche Vergehen, welche Menschen im
Diesseits begehen, als unangemessen. Die Alternative zwischen Himmel und Hölle geht von einer Alternative zwischen guten und bösen
Menschen aus – Hume zeigt sich an dieser Stelle als genauer Beobachter der menschlichen Psyche und stellt fest, dass die meisten Menschen wohl zwischen Gut und Böse schwanken und die strikte Dicho-
tomie nicht durchgehalten werden kann. Ewige, unendliche Strafen für
menschliches Fehlverhalten erscheinen angesichts der gelegentlichen
Milde gegenüber Verbrechen, die im Diesseits manchmal beobachtbar
ist, uneinsichtig.

Die physischen Argumente, die Hume aufzählt, sprechen alle für
die Sterblichkeit der Seele. Er beobachtet das enge Wechselspiel zwischen Körper und Seele im Schlaf und im Alter. Die Beobachtung
zeigt, dass Schwachheit des Körpers mit der Schwächung des Geistes einhergeht. Da im Alter Körper und Geist verfallen und im Tod
der Körper aufgelöst wird, ist die Auflösung der Seele ebenfalls anzunehmen. Die starke Veränderung des Körpers nach dem Tod lässt
in Analogie auf eine ebenso starke Veränderung der Seele schließen.
Ein weiteres Argument kommt aus der physiologischen und anato-
mischen Ähnlichkeit der Menschen und Tiere. Da von den Tieren ge-

meinhin eine sterbliche Seele angenommen wird, ist die Anwendung dieses Arguments auf den Menschen nicht von der Hand zu weisen. Wieso sollte gerade die Seele des Menschen unsterblich sein? Wieder zieht Hume die Parallele zwischen der Zeit vor der Geburt, in der wir empfindungslos waren, und der Zeit danach, in der wir es wieder sein werden.

Die Furcht vor dem Tod, der Widerwille zu sterben, dient letztlich der Erhaltung des menschlichen Geschlechts. Doch aus der Furcht vor dem Tod sollte nicht vorschnell auf die Unsterblichkeit geschlossen werden. Hume (1984, 86) schließt mit der These, dass unsere Ängste und Hoffungen oftmals bestimmte Lehren hervorbringen; davor sei gewarnt: „Alle Lehren, die von unseren Neigungen begünstigt werden, sind verdächtig."

Die traditionellen Beweise für die Existenz Gottes wurden von Immanuel Kant (1724–1804) in der „Kritik der reinen Vernunft" zwar einer fundamentalen Kritik unterzogen, die Unsterblichkeit der Seele und die Annahme der Existenz Gottes verblieben bei ihm jedoch als ein Postulat der praktischen Vernunft. Zwar sind es theoretische Sätze, doch verlangt die moralische Vervollkommnung eine die Lebensdauer überschreitende Zeit. Bernhard H. F. Taureck (2004, 105f.) hat in diesem Zusammenhang auf die Unterschiede zwischen Platons und Kants Unsterblichkeitslehre hingewiesen. Während bei Platon immer der Bezug auf die Todesfurcht der Menschen hergestellt wird, kommt Kant ohne diesen Bezug aus. Der Tod ist bei Kant bloß ein Hindernis für das Erreichen moralischer Vollkommenheit, niemals erwähnt er jedoch Tod oder Sterben. Taureck (2004, 107) bezeichnet Kant als „Exponent der neuzeitlichen Todesamnesie".

Werden und Vergehen: Schopenhauer

Arthur Schopenhauer (1788–1860) widmet sich im zweiten Band seines Hauptwerks „Die Welt als Wille und Vorstellung" im Kapitel „Über den Tod und sein Verhältnis zur Unzerstörbarkeit unseres Wesens an sich" (1844) dem Problem des Todes. Er betont zunächst, dass Menschen, im Gegensatz zu Tieren, ein Bewusstsein von ihrer eigenen Sterblichkeit haben (Schopenhauer 1998, 537). Die intuitive, von der Erfahrung des Sterbens Anderer unabhängige Kenntnis des eigenen Todes als spezielles anthropologisches Merkmal sollte im 20. Jahr-

hundert von Max Scheler in „Tod und Fortleben" eine detaillierte Aus-
arbeitung erfahren. Schopenhauer beschreibt die Angst vor dem Tod,
die Tieren wie Menschen gemeinsam ist, als eine Kehrseite des blinden
Willens zum Leben. Der Wille wiederum ist dasjenige, was unendlich
und unbegrenzt gedacht werden kann, was in allem gegenwärtig ist.

Schopenhauer konstatiert in kritisch-distanzierter Haltung, dass aus
dem Todesbewusstsein und der großen Angst vor dem Tod das Bedürf-
nis nach metaphysischen Tröstungen erwächst, dem Religionen wie Philosophie entspringen, die je nach Ausprägung geeignet sind, diese Angst
zu lindern. Doch die „mächtige Anhänglichkeit an das Leben" (Schopenhauer 1998, 539) erwächst nicht aus der Erkenntnis, sondern ganz
im Gegenteil: Erst die Erkenntnis deckt die Wertlosigkeit des Lebens
auf, wie Schopenhauer am Beispiel von Platons „Apologie" illustriert.
Der Erkennende geht wie Sokrates freudig in den Tod, er hat die Todesangst besiegt. Eine weitere Überlegung zu den Ursachen der Schrecken
des Todes stellt Schopenhauer bezüglich unserer üblichen Vorstellung
vom Tod an: dass zwar das Ich verschwindet, die Welt jedoch bestehen
bleibt. Für Schopenhauer verschwindet jedoch die Welt in einem Wechsel von Werden und Vergehen, die Gattung allein bleibt erhalten.

Das Erschreckende am Tod ist offenbar das Nichtsein – und die
Angst davor. Hier zeichnet Schopenhauer das Argument des Epikur
von der Parallelität der Zeit vor der Geburt und der Zeit nach dem Tod
nach. Die Beunruhigung über den Verlust des Lebens als ein „Inter-
mezzo eines ephemeren Daseyns" bleibt in Schopenhauers pessimis-
tischer Sicht auf das Leben unverständlich: „Denn die Unendlichkeit
a parte post ohne mich kann so wenig schrecklich seyn, als die Unendlichkeit *a parte ante* ohne mich" (Schopenhauer 1998, 541f.), und
insofern ist es für ihn absurd, das Nichtsein als Übel zu betrachten.
Mit direktem Bezug zu Epikur und dessen Auffassung vom Nichts des
Todes stellt Schopenhauer den Tod als „Nichtseynwerden" dem „Nicht-
gewesenseyn" gegenüber. „Verloren zu haben, was nicht vermißt werden kann, ist offenbar kein Übel", lautet sein Tenor. Der Tod trifft für
ihn das Bewusstsein, das aufhört zu sein, eine Empfindung, die für ihn
dem Schlaf oder der Ohnmacht verwandt ist. Das Individuum hat für
Schopenhauer keinerlei Erinnerung an die Zeit vor der Geburt, daher
wird es auch keine Erinnerung an sein jetziges Dasein im Tod haben
(Schopenhauer 1998, 569).

Ähnlich wie es Montaigne getan hat, beschreibt auch Schopenhauer das Alter als eine unmerkliche stückweise Verabschiedung aus dem

Leben in Richtung Tod, als langsames Verblassen des Lebens. Doch der Tod ist nicht nur kein Übel, er kann in Schopenhauers Auffassung auch zu einem Gut werden, das herbeigewünscht wird, wenn das Leben von großen Übeln geplagt wird. Schopenhauer begreift das menschliche Bewusstsein als Resultat des organischen Lebens, das sich je nach Lebensalter und Zustand – also etwa Schlaf – verändert. Das Prinzip des Lebens selbst wird durch den Tod nicht vernichtet. Hier stellt sich Schopenhauer in Ablehnung der christlichen Religionen auf die Seite des Buddhismus, der ein ewiges und unzerstörbares Wesen der Welt lehrt. Die europäische Tradition, die dem Individuum entweder personale Unsterblichkeit oder aber völlige Vernichtung nach dem Tod bescheinigt, ist für ihn eine Tradition der Extreme, zwischen denen er nun eine Mitte zu finden sucht.

Schopenhauer verdeutlicht dies am Wechsel der Generationen: Nur das Individuum vergeht in seiner Individualität, die es vergänglich macht; die Naturkräfte sowie die Materie bleiben hingegen bestehen, was er am Beispiel des sich verändernden Staubes zu erläutern sucht. Die Natur, so Schopenhauers (1998, 555f.) Analyse, verhält sich zu der Vernichtung von Individuen völlig gleichgültig, Pflanzen wie auch Tiere entstehen und vergehen, können durch die kleinsten, dümmsten Zufälle ausgelöscht werden: „So weit Alles nur einen Augenblick und eilt dem Tode zu", wobei Schopenhauer den Menschen hier nicht ausnimmt, sondern im Gegenteil für Mensch, Tier und Pflanzen den Wechsel von Geburt und Tod als „unendlich schnelle Vibration" und als Zyklus zu denken auffordert. In den Schoß der Natur fallen alle Lebewesen zurück, das innere Wesen der Dinge – Schopenhauer bezieht sich auf die platonische Ideenlehre – bleibt vom Tod des Individuums aber unbeeinflusst. Für ihn erscheint die Unsterblichkeit, die von Menschen allein für die menschliche Spezies als besonderes Merkmal reklamiert wird, als Anmaßung, die den rechten Blick auf die Unzerstörbarkeit des wahren Wesens verstellt. Schopenhauer (1998, 559) vertritt hier die Sicht, dass „wir dem Wesentlichen nach und in der Hauptsache, das Selbe sind wie die Thiere" – und aus diesem Grund auch keine Sonderstellung in Bezug auf eine etwaige Unsterblichkeit beanspruchen können. Der Blick auf das Tierreich zeigt die Ewigkeit der Gattung und die Endlichkeit des Individuums, ein Prinzip, das auch für die menschliche Spezies anzuwenden ist.

Das Dasein kann nicht an die Identität des Bewusstseins geknüpft werden, daher kann auch individuelle Unsterblichkeit nur unter der absurden Bedingung einer endlosen vorgeburtlichen Existenz zu haben sein. In Anlehnung an Kant schildert Schopenhauer die Schwierigkeiten, die entstehen, wenn der Versuch unternommen wird, sich als tot vorzustellen. Man versucht, dass *Ich* aus der Welt wegzudenken, nur um draufzukommen, dass dies schlicht unmöglich ist, da durch das Ich die Welt erst überhaupt vermittelt wird und der Versuch folglich misslingen muss. „Die Zeit, da ich nicht sein werde, wird objektiv kommen: aber subjektiv kann sie nie kommen", schließt Schopenhauer (1998, 565). Insofern folgt Schopenhauer der Erkenntnis, dass sich der Tod an sich nicht denken lässt. Im Tod wird die Individualität, der spezifische Intellekt des Einzelnen, aufgelöst; das Sterben erscheint als ein Moment der „Befreiung von der Einseitigkeit einer Individualität, welche nicht den Kern unseres Wesens ausmacht" (Schopenhauer 1998, 591) und sich am friedlichen Gesicht des Sterbenden ablesen lässt.

Der Ernst des Todes: Kierkegaard

Am prononciertesten hat der dänische Philosoph Sören Kierkegaard (1813–1855) seine Auffassung über das Problem des Todes in seiner fiktiven Rede „An einem Grabe" (1845) dargestellt, welche die Form einer Predigt hat und zu seinen „Erbaulichen Schriften" gehört. Kierkegaard, der als Denker der Individualität zum Wegbereiter existenzialischer Philosophien wurde, war ein radikaler Kritiker der Amtskirche und ein Verfechter des Christentums. „So ist es denn vorüber!", ist dem Beginn der Rede vorangestellt (Kierkegaard 1964, 173), das Vorübersein des Lebens wird im Text als Motiv an mehreren Stellen wiederholt. Die Rede gilt einem rechtschaffenen Kleinbürger, der ein durchschnittliches und unscheinbares, aber gottesfürchtiges Leben geführt hat und friedlich gestorben ist. Kierkegaard wendet sich direkt an den „Zuhörer" seiner Rede, der Tote kann ihr nicht mehr folgen, denn im Grab gibt es kein Zuhören und nicht einmal ein Gedenken an Gott – all dies ist vorüber. Kierkegaard (1964, 175, 178 und 176) bestimmt in Folge den Tod als einen Gegenstand des Ernstes: „Will man so recht einen Gegenstand für den Ernst nennen, so nennt man den Tod"; der Tod ist ein „Lehrmeister des Ernstes"; der Ernst ist die alleinig angemessene Haltung zum Tod, die er scharf gegen andere „Wandlungen der Stimmung und des Ausdrucks" abgrenzt.

Die Bestimmung des Todes als etwas, das uns nichts anginge, wie sie der „Heide" Epikur vorgenommen hatte, ist für Kierkegaard (1964, 176) ein „Scherz". Den Tod nur als Schicksal der Menschen, der Allgemeinheit zu sehen, und dabei nicht an den eigenen Tod zu denken, erscheinen ebenfalls als unangemessen. Heidegger wird in der ersten Hälfte des 20. Jahrhunderts an diese Bestimmung anknüpfen und in „Sein und Zeit" die Verdrängung des eigenen Todes an der Redewendung „man stirbt" diagnostizieren. Das Ernste liegt nicht im Tod selbst, mit dem ja alles vorüber ist, sondern im Gedanken an den Tod. Der Tod des Anderen, dessen Zeuge man wird, ist auch nur „Stimmung", etwas Äußerliches, selbst wenn der Andere das eigene Kind oder die Geliebte war – allein das Denken des eigenen Todes, das Sich-selbst-tot-Denken ist Ernst. Es kommt also darauf an, den eigenen Tod als das Ende, das Vorüber anzuerkennen und die rechte Haltung zum Tod zu entwickeln.

Die Entscheidung des Todes bestimmt Kierkegaard (1964, 180) als das „entscheidende" Kennzeichen, und zwar insofern, als dass der Tod entscheidender als anderes ist, sich von allen Entscheidungen des Lebens durch seine Unerbittlichkeit und Unwiderruflichkeit abhebt. Kierkegaard (1964, 181) bezeichnet den Tod als „wortkarg", weil er totaler Ernst ist – es gibt keine Verhandlung mit ihm, keinen Aufschub, es macht keinen Unterschied, wie wichtig oder unvollendet das eigene Leben erscheint oder wie stark der Tod gefürchtet wird, der Tod wird doch immer der Stärkere bleiben. Hier fordert Kierkegaard, den Tod in dieser Entschiedenheit wahrzunehmen, und er weist gleichzeitig darauf hin, wie schwer der Gedanke an den Tod ist. Selbst der Sterbende wähnt sich im Besitz von ein bisschen übriger Zeit, oder er wird über seinen Zustand überhaupt im Unklaren gelassen.

Die Rede vom Tod als Schlaf ist trügerisch, sie soll den Leidenden und den Schwermütigen beruhigen, verschleiert jedoch den Tod und ist eine falsche Interpretation, eine Stimmung. Doch der ernste Gedanke an den Tod hat eine aufrüttelnde Wirkung, „denn der Tod in dem Ernst gibt Lebenskraft wie nichts andres, er macht wach wie nichts andres" (Kierkegaard 1964, 185). Nur in der richtigen, der ernsten Betrachtung des Todes wird die verbleibende Lebenszeit ein knappes und wertvolles Gut. Das ganze Leben wird unendlich wertvoll, nicht bloß die letzte Stunde, die für den Sterbenden die Zeit zum kostbarsten Gut werden lässt.

Der Tod kann nicht durch die Gleichheit aller angesichts des Todes bestimmt werden, da für Kierkegaard die Gleichheit einzig im Vernichtetsein besteht und daher nicht von wahrer Gleichheit gesprochen werden kann. Dennoch konzediert er, dass das Sprechen vom Tod als großem Gleichmacher eine tröstliche Wirkung haben kann, und er nennt fünf paradigmatische Situationen dafür: der Elende, dem Unrecht getan wurde; der ohnmächtige Gekränkte; der ungeduldige Verhätschelte, der seine Vorstellungen im Gegensatz zu anderen nicht verwirklichen kann; der Verlierende, der die Niederlage nicht einsehen will; schließlich der Leidende, der allen zur Last geworden ist. Für sie alle mag der Gedanke an die Gleichheit im Tod Trost versprechen, jedoch ist es wieder nur „Stimmung" (Kierkegaard 1964, 190) – und zudem eine falsche Auffassung, da der Tod ja niemanden bevorzugt.

Doch durch die Ungleichheit ist der Tod ebenfalls nicht bestimmbar, da er jeden ereilt, ungeachtet der Lebensführung. „So ist denn der Tod nicht bestimmbar: das einzige Gewisse und das Einzige, bei dem nichts gewiss ist" (Kierkegaard 1964, 194), er ist ungewisse Gewissheit, insofern sein Eintreten gewiss, der Zeitpunkt aber ungewiss bleibt. „Es ist möglich" beschreibt die Situation der Todesgewissheit, die Möglichkeit des Todes als jederzeit im Raum stehend erkennend. Dadurch wird die Verwendung der Lebenszeit erst wertvoll. „So wird es denn der Ernst, jeden Tag so zu leben, als wäre es der letzte und zugleich der erste in einem langen Leben", so die Folgerung Kierkegaards (1964, 199). Die Entscheidung des Todes hingegen bleibt unerklärlich, er kann als Wohltäter für den vom Leben Enttäuschten oder als das größte Übel für den am Leben Hängenden angesehen werden, als Übergang, Verwandlung oder Strafe – und ist doch stets rätselhaft.

Hier besteht Kierkegaard auf eine Zurückhaltung mit möglichen Erklärungen des Todes, die ein Zeichen einer ernsten Haltung zu ihm darstellt. Er zeigt sich enthaltsam gegenüber etwaiger Bestimmungen des Todes, er betont, auch kein theoretisches Wissen über den Tod vermitteln zu wollen, und rät dazu, kein übereiltes Wissen über den Tod anzulernen, keine wohlklingenden Bestimmungen auswendig zu lernen. Die rechte Haltung gegenüber dem Tod einzunehmen, ihn als jederzeit möglich zu bedenken, bleibt für Kierkegaard ein Primat der Lebenspraxis.

3

Der Tod als Trieb und als Skandal: Freud und danach

Vorgestellt werden die Todeskonzeptionen des 20. Jahrhunderts. Das Denken über den Tod ist nun nicht mehr von Auffassungen geprägt, die das Leben nur als Übergang in einen anderen Zustand und an einen anderen Ort begreifen lassen. Der Tod wird als irreversibles Ende, als Auslöschung des individuellen Lebens gedacht. Der Erste Weltkrieg war Anlass für Sigmund Freud, die Verdrängung des Todes aus dem alltäglichen Bewusstsein zu beschreiben. In Heideggers Konzeption des Todes erfährt diese Verdrängung eine philosophische Begründung. Der französische Existenzialist Jean-Paul Sartre schließt kritisch an Heidegger an, entwickelt aber ein eigenständiges Denken, das den Tod nicht als sinngebende Instanz für das Leben begreift. Die Atombombenabwürfe auf Hiroshima und Nagasaki 1945 markieren historisch das Datum, das die Möglichkeit zur Auslöschung der gesamten Menschheit andeutet. Günther Anders ist die luzideste Auseinandersetzung mit der Bedeutung der Atombombe und der atomaren Bedrohung zu verdanken. Wie kein anderer hat er vor der Möglichkeit des Endes der Menschheit als Gattung gewarnt. Selbst wenn nach dem Ende des Kalten Krieges die atomare Bedrohung aus dem politischen Diskurs verdrängt wurde, muss die Frage nach der „Apokalypseblindheit" der Menschen gestellt werden. Der Tod als Gattungstod ist zu einem neuen Thema der Auseinandersetzung mit dem Tod geworden. Schließlich werden auch neuere Ansätze vorgestellt, die eine ethische Reflexion über den Tod als Übel für das Individuum perspektivieren.

Der Trieb zum Tod: Freud

Im Jahr 1918 endete der Erste Weltkrieg; er hatte zu diesem Zeitpunkt rund 17 Millionen Menschenleben gefordert. Freud entwickelte erste Ansätze zu seinem Konzept des Todestriebs in der Arbeit „Zeitgemäßes über Krieg und Tod" (1915), nur ein paar Monate nach Kriegsausbruch. Der Krieg und seine Folgen, nämlich die Enttäuschung über seinen Ausbruch und ein verändertes Verhältnis zum Tod, wurden Gegenstand seiner psychoanalytischen Deutung. Angesichts des unversöhnlichen Hasses, mit dem sich die Nationen bekämpfen, reagieren die Bürger mit Enttäuschung über den Verrat der sittlichen Normen durch die Staaten wie durch den Einzelnen. Freud sieht hier eine Klärung der menschlichen Natur zum Vorschein kommen. Der Krieg desillusioniert die Menschen, indem er die Wahrheit über die menschliche Natur zutage treten lässt: „In Wirklichkeit gibt es keine Ausrottung des Bösen", schreibt Freud (1982b, 41). Die scheinbare Kultivierung weicht einer Gewaltbereitschaft und Brutalität mit unerwarteter Leichtigkeit, da, so die Erklärung Freuds, grausame und egoistische Triebregungen seit jeher zur Natur des Menschen gehören. Im Rahmen der Regression, des Rückzugs auf eine frühere Entwicklungsstufe, gelangen diese Triebe wieder an die Oberfläche. Freud stellt diese Rückbildung aber als einen reversiblen Prozess dar.

Das sittliche Verhalten war dem einzelnen Bürger vorgeschrieben, wollte er an der Kulturgemeinschaft teilnehmen. Der weitgehende Verzicht auf Triebbefriedigung und die Selbstbeschränkung resultieren aus der Befolgung der sittlichen Normen. Werden sie aber befolgt, ohne die Beweggründe dafür zu bedenken, kommt es zur *Kulturheuchelei*, bei der die meisten Kulturbürger auf eine Gelegenheit warten, sich vom *Kulturgehorsam* zu befreien. Seine eigene Zeit sah Freud als besonders begünstigend für Kulturheuchelei an. Das Gewissen erscheint folglich für Freud als soziale Angst vor den Folgen sozialer Sanktionen, nicht als unbestechliche Richtschnur. Ist ein gesellschaftlicher Zustand wie der des Krieges erreicht, in dem keine Sanktionen vormals unerlaubter Handlungen erwartbar sind, endet die Selbstbeschränkung und Triebunterdrückung. Insofern ist für Freud der Niedergang des sittlich-kulturellen Verhaltens auch nicht so bodenlos wie angenommen, da die Kultiviertheit schon immer einen illusionären Charakter in sich trägt.

Das Verhältnis zum Tod ist für Freud zunächst als Verhältnis der Verdrängung gekennzeichnet. Es ist unaufrichtig. „Im Grunde glaubt niemand an seinen eignen Tod oder, was dasselbe ist: Im Unbewussten sei jeder von uns von seiner Unsterblichkeit überzeugt" (Freud 1982b, 49). Er weist darauf hin, dass der eigene Tod nicht vorstellbar ist, denn beim Versuch ist man immer noch als Zuseher dabei. Es ist schlichtweg unmöglich, sich selbst einfach wegzudenken, denn wenn ein Sachverhalt vorgestellt wird, und sei es der eigene Tod, ist das beobachtende Ich noch immer Teil dieser Vorstellung. Von der subjektiven Wahrnehmungsform gibt es keine Abstraktion, daher gibt es keine Vorstellung von einem Zustand, in dem kein Ich mehr da ist. Freud schildert seine Alltagsbeobachtungen, die zeigen, dass beim Sprechen über den Tod konstant der Faktor Zufall betont wird. Der Andere stirbt scheinbar zufällig, sei es durch Unfall oder sonstige Ursachen. Niemals wird jedoch die Notwendigkeit des Todes ausgesprochen. Weiters ist das Sprechen über die Toten stets voll Bewunderung und Rücksicht. „De mortuis nil nisi bene": Nur Gutes über Tote.

Im Krieg ist eine Verleugnung des Todes nun nicht mehr möglich, denn die große Masse der Toten macht den Eindruck der Zufälligkeit unmöglich. Was macht nun diese veränderte Situation mit jenen, die nicht in die Kampfhandlungen involviert sind, sondern zu Hause auf die Rückkehr ihrer Lieben warten? Freud untersucht in der Folge, wie das Verhalten der Menschen in der Urzeit zum Tod charakterisiert war. Er stellt den *Urmenschen* neben den *Kulturmenschen*. Die Geschichte erscheint dem Kulturmenschen als Abfolge von Völkermorden. Das religiöse Tötungsverbot ist die Kehrseite dieses stammesgeschichtlichen Erbes, es richtet sich in seiner Intensität gegen einen ebenso starken Impuls. Der Tod eines Feindes war dem Urmenschen ein willkommener Triumph, während der eigene Tod verdrängt wurde, nicht vorstellbar erschien. Diese beiden Prinzipien geraten beim Sterben eines geliebten Menschen in Spannung zueinander. Dann zeigt sich eine Ambivalenz des Gefühls, stirbt doch mit dem Anderen ein Teil des Eigenen, Geliebten, und ein Teil Fremdes.

Im Gegensatz zum Urmenschen, der nach seiner Heimkehr von Kämpfen seine Taten durch rituelle Bußen sühnen muss, um nicht vom Geist des ermordeten Feindes heimgesucht zu werden, ist der moderne Kriegsheimkehrer frei von Reuegedanken. Freud sah in diesem Verhalten einen Verlust von ethischer Feinfühligkeit. In der Todesverdrängung gleicht der Kulturmensch dem Urmenschen, das Unbewusste glaubt nicht an den eigenen Tod. Doch zeigt sich die unbewusste Mordlust in bestimmten Redensarten: Jemanden zum Teufel wünschen, das heißt eigentlich, jemandem den Tod wünschen. Zwischen dem Urmenschen und dem Kulturmenschen besteht ein enges Verwandtschaftsband: „So sind wir auch selbst, wenn man uns nach unseren unbewussten Wunschregungen beurteilt, wie die Urmenschen eine Rotte von Mördern" (Freud 1982b, 57). Im Krieg wird der Urmensch wieder sichtbar.

Den Todestrieb nahm Sigmund Freud 1920 mit „Jenseits des Lustprinzips" in seine Triebtheorie auf. Das Lustprinzip wurde als Regulativ gedacht, das Lust erzeugt oder Unlust vermeidet. Doch Freud gelangt durch empirische Beobachtung zum Schluss, dass es jenseits des Lustprinzips noch den Todestrieb geben muss. Aus der Beobachtung von Menschen, die durch den Krieg oder durch Unfälle traumatisiert waren und unlustbringende Ereignisse zwanghaft wiederholten, schlussfolgert er die Existenz eines Wiederholungszwanges, der elementarer und noch triebhafter ist als das Lustprinzip. Erlebnisse, die einen Menschen unlustvoll treffen, werden im Nachhinein aktiv nachgestellt, wiederholt. Freud sieht das auch bei kleinen Kindern, die beim Spielen negative Erlebnisse nachspielen. Diese Wiederholung von Unlust und Leiden ist auch bei Erwachsenen zu finden, was Freud am Beispiel einer Frau beschreibt, die immer wieder Männer heiratet, die sie kurze Zeit später pflegen musste, bis sie starben.

Freud setzt voraus, dass es innerhalb eines lebenden Organismus einen Trieb geben muss, einen starken Drang, frühere Zustände wiederherzustellen. Die organischen Triebe sind bei Freud starke Regungen, die sich immer auf Regression, auf die Wiederherstellung von Früherem richten und nur unter äußeren Einflüssen ausgesetzt werden. Der Triebnatur widerspräche es, auf einen noch nie da gewesen Zustand abzuzielen, der Trieb ist konservativ und muss sich auf einen alten Zustand, einen Ausgangszustand richten. Der Ausgangszustand alles Lebenden ist aber der Tod. „*Das Ziel alles Lebens ist der Tod*, und zurückgreifend: *Das Leblose war früher da als das Lebende*" (Freud 1982a, 248). Das gesamte Triebleben muss folglich der Herbeiführung des Todes dienen, die Selbsterhaltungstriebe stehen im Gegensatz zum Todestrieb, sind aber letztlich nur Partialtriebe, die den kürzesten Weg in den Tod verhindern. *Thanatos*, der Todestrieb, und *Eros*, der Lebenstrieb, sind bei Freud scharf unterschieden. Die Aggression ist nur eine Erscheinungsform des Todestriebs. Letztlich strebt der Organismus auf einen ursprünglichen Zustand zurück. Freud (1982a, 249) bezieht sich an dieser Stelle auf das *Nirwanaprinzip*, einen Ausdruck, den er von Barbara Low entlehnt und der die Tendenz alles Organischen beschreibt, zu einem möglichst geringen Reizzustand zu gelangen.

Der Todestrieb gehört sicher zu den strittigsten Begriffen der Freud'schen Theorie. Hat der Todestrieb bei Freud seinen Platz im Biologischen, so stellt ihn Jacques Lacan (1980), der an ihm festhält, in die Sphäre des Symbolischen. Das Grab ist das erste Symbol der Menschen, Symbole stehen immer an Stelle von Totem, da sie etwas Abwesendes repräsentieren. Der Todestrieb ist bei Lacan auch nicht wie bei Freud ein spezifischer Trieb, sondern gehört wesenhaft allen Trieben an.

Das Dasein als Sein zum Tode: Heidegger

Die Verdrängung des Todes aus dem Bewusstsein war für Freud eine der zentralen Todesbestimmungen gewesen. Eine umfassende Analyse des Todes erfolgt kurze Zeit später durch den deutschen Existenzphilosophen Martin Heidegger (1889–1976). Der Tod als die äußerste Grenze des menschlichen Daseins, als zentrale Bestimmung des Lebens – diese außerordentliche Tragweite erfährt der Tod in seiner zentralen Schrift „Sein und Zeit", die 1927 erschien. Ausgangspunkt von „Sein und Zeit" ist die Frage nach dem Sinn von Sein. Was bedeutet es, dass das Seiende ist? Heidegger fasst zunächst die Grundbestimmungen des *Daseins*. Der Einzelne muss sich zu seinem Sein und zu dem Sein als Ganzem verhalten. Das menschliche Sein beschreibt Heidegger mit dem Ausdruck *Dasein*, das geführt werden muss und nicht nur einfach gelebt wird. Den Begriff „Mensch" spart er aus, um seine Analyse nicht mit terminologischen Konnotationen und Zuschreibungen zu belasten. Heideggers Frühwerk zeichnet sich durch einen sehr eigenwilligen Umgang mit der Sprache aus, da er eine Vielzahl von Neologismen einführt, um den Blickwinkel seiner eigenen philosophischen Fragestellungen treffsicher herauszuarbeiten. Gerade diese auf den ersten Blick sehr sperrige Terminologie macht sicher einen Teil der Faszinationskraft Heideggers aus. Gewöhnungsbedürftig ist sie allemal.

Das Dasein ist also das Sein des jeweils Einzelnen, das Sein, das „je ich selbst bin" (Heidegger 1979, 41). Es ist durch die *Geworfenheit* in die Welt bestimmt, demnach an einen jeweils spezifischen kulturellen Hintergrund gebunden. Zweitens ist es ein *Entwurf*, das heißt, es verhält sich zur Welt, indem es Möglichkeiten ergreift oder aber ausschlägt. Drittens ist das Dasein durch die *Verfallenheit* an die Welt bestimmt, da es sich unmittelbar an den Dingen und Menschen orientiert. Nun geht es Heidegger darum, das Wie des Daseins zu untersuchen. Eine zentrale Bestimmung des Daseins ist die Zeitlichkeit: Es ist zwischen der Vergangenheit als ein *Nicht-mehr* und der Zukunft als ein *Noch-nicht* eingespannt. Der Tod schließt das Dasein ab, ist für das Dasein jedoch auch nicht mehr erfahrbar. Wie können wir nun den Tod erfahren?

Zunächst betont Heidegger die Nichterfahrbarkeit des eigenen Todes. Nur im Erleben des Todes anderer ist überhaupt die Möglichkeit gegeben, den Tod objektiv wahrzunehmen. Der Verstorbene ist nicht mehr in der Welt, er ist *Nur-noch-Vorhandenes*, wie sich Heidegger ausdrückt. Er bezeichnet damit den Unterschied zwischen bloßer Materie, einem Ding, und einem Leichnam, der einmal gelebt hat und nun seines Lebens verlustig ging. Anders als einem bloßen Ding gilt dem toten Menschen die besondere Fürsorge der Angehörigen durch Totenfeiern und Begräbnisse. Doch durch die Erfahrung des Todes anderer ist noch keine Erkenntnis des Todes gewonnen. Beim Tod der anderen ist man höchstens dabei. Der Tod als Verlust, der klar zutage tritt, ist der Verlust für die Hinterbliebenen. „Im Erleiden des Verlustes wird jedoch nicht der Seinsverlust als solcher zugänglich, den der Sterbende ‚erleidet'" (Heidegger 1979, 239). Und das Sterben ist, so Heidegger weiter, ein existenziales Phänomen, das niemand einem anderen abnehmen kann. Es gilt, die irreführende Bezeichnung „für jemand anderen in den Tod gehen" zu klären, da der Tod ja tatsächlich nicht in die Kategorie der Dinge geschoben werden kann, für die es eine Vertretung gäbe. Eine bestimmte Arbeit, eine Aufgabe kann für einen Anderen übernommen werden, nicht aber der Tod. Geht man für jemanden in den Tod, so muss dieser Andere ja dennoch sterben. Der Tod ist also immer je der meine, unvertretbare Tod.

Heidegger fasst nun drei Bestimmungen des Todes zusammen: 1) Der Tod gehört zum Dasein, steht aber immer aus (wir erleben ihn nicht). 2) Der Tod ist das Nicht-mehr-Dasein. 3) Der Tod ist unvertretbar.

Die erste Bestimmung verweist auf den Tod als etwas, das zwar zum Dasein gehört, aber eben noch fehlt, noch aussteht. Aufgehoben wird dieser *Ausstand* erst, wenn wir sterben. Der Tod gehört dem Dasein an, er ist bei Heidegger nicht als ein Ereignis gedacht, das gleichsam von außen dem Dasein ein Ende setzt, sondern eine Daseinsweise. Die Analyse des Todes muss demnach auch radikal diesseitig sein und Fragen nach einem Jenseits oder einem möglichen Weiterleben nach dem Tod aussparen. Hier grenzt Heidegger seine Todesanalyse von anderen Bestimmungsmöglichkeiten des Todes ab. Da der Tod als allgemeines Phänomen des Lebens Tiere wie Pflanzen betrifft, könnte der Tod ja auch biologisch bestimmt werden. Doch diese Betrachtungsweise verfehlt die von Heidegger anvisierte Analyse des Todes für das Dasein. Während Tiere verenden, ist es der Mensch, der stirbt, da er einen Bezug zu seinem eigenen Tod hat.

Die These lautet nun, dass der Tod weniger ein Ausstand ist, sondern ein *Bevorstand*. Und das ist der Tod in einer ganz speziellen Art und Weise. Er unterscheidet sich von anderen Ereignissen, die noch bevorstehen können, wie zum Beispiel einem Gewitter oder dem Bau eines Hauses. Er löst alle Bezüge zur Welt auf. Der Tod ist die Möglichkeit des *Nicht-mehr-dasein-Könnens*. Zum eigenen Tod verhalten wir uns anders als zu allen anderen Ausständen, er ist die „eigenste, unbezügliche, unüberholbare Möglichkeit" (Heidegger 1979, 250). Im Tod ist man auf sich alleine gestellt, der eigene Tod ist nicht austauschbar, er kann nicht geteilt werden. Die Faktizität des Todes enthüllt sich dem Dasein in der Angst. Heidegger zieht hier eine terminologische Unterscheidung von Angst und Furcht ein. Angst darf keinesfalls mit Furcht vor dem Sterben verwechselt werden, denn die Angst ist keine beliebige Stimmung, die variieren kann, sondern eine Grundbefindlichkeit des Daseins. Die Furcht hat Objekte, zum Beispiel die Furcht vor Schmerzen und Leiden. Die Angst hat kein konkretes Objekt, sie bezieht sich auf die gesamte Verfasstheit des Daseins. Faktisch muss jedoch festgestellt werden, dass das Verhältnis zum Tod durch eine ständige Flucht, durch ein Ausweichen gekennzeichnet ist. Heidegger widmet sich daher der Untersuchung des Todes in der Alltäglichkeit.

Dazu muss ein weiterer Begriff Heideggers erläutert werden: das *Man*. Es ist der Terminus, mit dem Heidegger das Verschwinden des Einzelnen in der Masse, im Allgemeinen, in der Durchschnittlichkeit zu fassen sucht. „Jeder ist der Andere und keiner er selbst" (Heidegger 1979, 128). Im Man erscheint der Tod immer als der Tod von anderen. Besonders deutlich wird dies in der Redewendung „man stirbt". Hier ist der Tod unbedrohlich, weil er nicht als der jeweils eigene Tod gedacht wird, sondern als öffentliches, unpersonalisiertes Ereignis.

In „man stirbt" stirbt gleichsam das Man. Dass alle Menschen sterblich sind, betrifft gleichsam alle anderen, nur nicht die eigene Person. Durch das Sprechen über Todesfälle wird zwar die Realität des Todes eingestanden, doch damit auch die Möglichkeit des eigenen Todes kaschiert. Über den Tod wird zwar gesprochen, aber die Sprache ist ausweichend, verdeckend, zweideutig, flüchtig. Das Denken an den Tod gilt als Weltflucht und Unsicherheit, das Man, die öffentliche Stimmung, lässt den Mut zur Angst vor dem Tod gar nicht erst aufkommen, da es die gleichgültige Ruhe vor dem Tod als passende Haltung vorgibt. Heidegger verweist auf Tolstois „Der Tod des Ivan Iljitsch", in dem diese Haltung zum Tod mustergültig beschrieben ist. Selbst der Sterbende wird noch so behandelt, als stürbe er gar nicht, wird ständig an seine Bezüge in der Welt erinnert und angesichts des Todes beruhigt: „[Es] quälte ihn, dass man nicht eingestehen wollte, was alle wussten, und was auch er wusste, dass man ihn über seine entsetzliche Lage mit Lügen hinwegtäuschen wollte und ihn selbst zwang, diese Lügen mitzumachen" (Tolstoi 1989, 132).

Eingebettet im Man, ist es dem Dasein nicht möglich, einen wirklichen Begriff des Todes zu entwickeln. Heidegger betrachtet die Rede vom Tod, wie sie in der Alltäglichkeit erscheint, nun genauer. Er konstatiert, dass die oftmals zugegebene Gewissheit des Todes, der jedem einmal bevorsteht, keine wirkliche Gewissheit ist. Denn immer wird der Bezug auf ein Ereignis hergestellt, das später, irgendwann einmal eintreten könnte, das vorläufig aber noch nicht ansteht. Doch das Verschieben in eine Zukunft, in ein „später einmal", verdeckt die eigentliche Gewissheit des Todes: Der Tod betrifft uns in jedem Augenblick, denn das Dasein ist ein Sein zum Tode, es stirbt schon ständig, bevor es *ablebt*, also tatsächlich stirbt. Die Täuschung besteht in dem Glauben, dass das Verschieben des Todes in die Zukunft, die Ungewissheit über den Todeszeitpunkt, die Gewissheit des eigenen Todes gleichsam abschwächt. Der Tod wird dann als etwas nur Mögliches gehandhabt. Mit dem Tod endet das Dasein und damit auch jede Wirklichkeit. Bloßes Grübeln über den Tod, über den möglichen Zeitpunkt des Todes ist letztlich nur ein Versuch der Verfügung über den Tod.

Erst die Antizipation des Todes im *Vorlaufen* auf den Tod ermöglicht es, den Tod anzuerkennen und damit dem Dasein erst ein wahres Selbstsein zu ermöglichen. Mit *Vorlaufen* ist ein Verhalten zum Tod beschrieben, und zwar zum eigenen Tod. Im Vorlaufen zum Tod wird dem Dasein seine eigene Endlichkeit, die Kürze des Lebens erst bewusst; es verlässt die Illusionen des geschwätzigen Man und kann die Angst vor der Nichtexistenz auf sich nehmen. Erst dadurch wird wahre Freiheit ermöglicht. Das Dasein ist ein Sein zum Tode und der Tod die einzige Möglichkeit, nur im Tod können sich die Individuen gegen die Vertretbarkeit im Man bestätigen.

Wie kaum ein anderer Philosoph hat Heidegger Todesvergessenheit und Todesverdrängung beschrieben. Seine Auseinandersetzung mit dem Tod ist geprägt von der Wahrnehmung des Todes als existenziales Phänomen des Daseins. Da der Tod die Wirklichkeit des Lebens betrifft, kann die Perspektive auch nicht bei Jenseitsvorstellungen liegen, die über den Tod hinwegtrösten könnten. Daher behandelt Heidegger die Frage, was es im Leben bedeutet, den Tod wahrzunehmen. Es genügt nicht, den Tod einfach als unausweichliches Ereignis zu betrachten. Es muss darum gehen, die prinzipielle Möglichkeit des Todes, nicht eine konkret vorgestellte Situation des Sterbens anzuvisieren. Grundlegend besteht die Notwendigkeit, sich mit dem Tod denkend auseinanderzusetzen, sich zum Tod zu verhalten. Im Tod sind wir auf uns alleine gestellt, er ist das Ende des Bezugs zur Welt und zu Anderen. Weil er das ist, stößt er uns in eine Einsamkeit, die nicht gemildert werden kann. Der Tod eines Anderen ist immer nur als Verlust erfahrbar, der wahre Umfang des Seinsverlustes ist in dieser Situation nicht fassbar. Die Verfallenheit in das Man, das die Auseinandersetzung mit dem Tod nur im zweideutigen Gerede kennt, verhindert das Denken des Todes als existenziales Ereignis, das unüberholbar ist. Erst im Vorlaufen auf den Tod kann die Uneigentlichkeit des Man verlassen werden und Freiheit erlangt werden.

Gerade Heideggers Bestimmung des Todes als Ausschluss jeden Mitseins ist vielerorts kritisiert worden. Dolf Sternberger (1979) weist darauf hin, dass der Seinsverlust nur beim Tod eines Anderen erfahren werden kann; er kritisiert Heideggers Todeskonzeption als solipsistisch, da er niemals den Tod des Anderen, Nahestehenden anvisiert. Für Paul Ludwig Landsberg (1973) ist der Tod eine anthropologisch angelegte Gewissheit des Menschen, die durch den Tod des Anderen an Schärfe gewinnt. Besonders die Unabsehbarkeit des Todes, die Ungewissheit über sein Eintreten wird durch den Tod des Anderen deutlich: Der Tod hält sich nicht an Lebenserwartung oder Statistik. Ein Bewusstsein über die Bedrohlichkeit des Todes kann aber erst durch den Tod eines geliebten Menschen erfasst werden (Landsberg 1973, 57). Auch Jacques Derrida (1998) knüpfte an Heidegger an, betonte aber dagegen in seiner Todesanalyse die Bedeutung der Intersubjektivität. Alleine schon durch die Aussage „Alle Menschen sind sterblich" ist ein Bezug zu den Mitmenschen hergestellt. Die Trauerarbeit ist konstitutiv für den Umgang mit den anderen, sie beginnt nicht erst mit dem Tod, sondern weit davor – und hört mit dem Tod des Mitmenschen auch nicht auf. Die Beziehung zum anderen Menschen erscheint als eine unendliche Trennung.

Vertreter der Frankfurter Schule wie Theodor W. Adorno (1984) und Herbert Marcuse (1979) wandten sich scharf gegen die Geschichtsvergessenheit Heideggers und spielten in ihrer Kritik auf den Nationalsozialismus an. Just zu dem Zeitpunkt, in dem in Europa die politischen Bedingungen für Vernichtung und den Tod in den Konzentrationslagern vorbereitet wurden, entwarf Heidegger das Dasein zum Tode. Heidegger war selbst der NSDAP beigetreten und dadurch 1933 zum Rektor der Universität Freiburg aufgestiegen, ein Posten, von dem er sich ein Jahr später zurückzog. Nach 1945 wurde er im Rahmen des Entnazifizierungsprozesses mit einem Lehrverbot belegt, das bis zu seiner Emeritierung 1951 aufrecht blieb. Auch Hans Ebeling (1979, 132) beurteilte Heideggers Todesanalyse differenziert und stellt fest, dass Heidegger offensichtlich nur eine bestimmte Art des Todes vor Augen gehabt haben muss. Kriegstod, Tod durch Völkermord, Hungertod, alle Todesarten, die damals die häufigsten waren, hatte Heidegger ausgelassen. Doch die philosophisch eindringlichste Kritik sollte von Jean-Paul Sartre kommen.

Der Tod als Enteignung: Sartre

In Jean-Paul Sartres (1905–1980) Hauptwerk „Das Sein und das Nichts", das 1943 erschien, finden sich viele Fragestellungen, die das Leben des Einzelnen angesichts des Krieges und der politischen Situation Frankreichs in der NS-Zeit thematisieren. Ist das Individuum frei, den Kriegsdienst zu verweigern? Wie kann sich ein Mensch angesichts der Wahl zwischen Résistance oder Kollaboration verhalten? Hat er eine freie Wahl? Sartre, der 1940 selbst in Kriegsgefangenschaft geraten war, geht vom Individuum aus, dem er die absolute Verantwortung für sein Tun zuschreibt. Während der Besetzung Frankreichs durch die Deutschen war Sartre im Widerstand engagiert. Seinem Begriff von Verantwortung ist ein starker Freiheitsbegriff zugrunde gelegt: Freiheit und Verantwortung bedingen einander, wer frei ist, ist zugleich auch verantwortlich. In einer Zeit, in der Freiheit als Begleiterin der Gleichheit und Brüderlichkeit plötzlich nicht mehr viel wert zu sein schien und sich Frankreich in der Geiselhaft Hitlers befand, fasst Sartre (2000, 155) in der Humanismusschrift die Freiheit des Menschen in einer radikalen Form: „[…] der Mensch ist dazu verurteilt, frei zu sein". Selbst die unmöglichste Wahl ist noch eine Wahl, und der größten Bedrängnis zum Trotz besitzt der Mensch die Möglichkeit, sein Leben gestaltend zu verändern. Die Möglichkeit des Scheiterns besteht jedoch immer.

In Ablehnung der Psychoanalyse Freuds entwirft Sartre in „Das Sein und das Nichts" ein modernes Konzept des Menschen, der, obschon immer in eine spezifische Situation *geworfen* – als Arbeiter, Franzose, Soldat –, noch immer aus seiner Rolle heraustreten kann. Menschen existieren in Situationen. Mit dem Terminus *Faktizität* beschreibt Sartre diese Gegebenheit: die Nationalität eines Menschen, seine Zugehörigkeit zu einer bestimmten Klasse, seine Talente und Gewohnheiten. Doch in der *Transzendenz* liegt die Haltung des Einzelnen, wie er sich zu dieser Faktizität verhält. Wie auch immer die Situation des Einzelnen beschaffen sein mag, er hat immer die Möglichkeit, über sie hinaus zu gehen, zu transzendieren, seine Individualität zu verwirklichen. Nach dem von Nietzsche proklamierten Tod Gottes liegt für Sartre als Vertreter eines atheistischen Existenzialismus die menschliche Existenz in ihrer eigenen Gestaltung. Sich selbst zu entwerfen, das ist der Auftrag des modernen Menschen. Dabei stellt sich die Frage nach den Grenzen der Freiheit. Ist der Tod eine Grenze der Freiheit? Doch Sartres Auseinandersetzung mit dem Tod setzt zunächst mit einer Analyse und Kritik der Todeskonzeption Heideggers an.

Heidegger wollte den Tod nicht als bloßes Ende des Seins fassen, als äußere Begrenzung des Lebens, sondern zeigen, dass das *Dasein* als *Sein zum Tode* verstanden werden muss. Gerade gegen diese Bestimmung des Todes argumentiert Jean-Paul Sartre. In seiner Untersuchung wendet er sich zunächst kritisch diesen Bestimmungen Heideggers zu, um in einem zweiten Schritt ein eigenes Todesverständnis zu entwerfen. Heideggers Figur des Daseins, das zu seinem eigenen Tod vorläuft, um ein einmaliges Dasein zu werden, bezeichnet Sartre als einen Trick. Er erkennt das Problem in der Zirkularität: Das Dasein müsste ja schon zum Tod vorgelaufen sein, um überhaupt zum Tod vorlaufen zu können. Der Tod wird individualisiert, aber mit dieser Individualisierung wird wiederum das Dasein individualisiert. Vorgängig geht es Sartre allerdings um die Vereinnahmung des Todes in die Sphären des Lebens. Der Tod als Grenze hat für Sartre einen janusköpfigen Charakter: Je nach Blickwinkel kann er als dem Leben zugehörig oder als außerhalb des Lebens angesiedelt werden.

Sartre betrachtet die historische Genese des Todesverständnisses, das lange Zeit den Tod als ein Außerhalb des Lebens, als nicht dem Leben zugehörig, als Endpunkt sah. Eine Vereinnahmung des Todes verortet er zunächst bei Rilke und anderen Dichtern. Rilkes (1997, 22) „O Herr, gieb jedem seinen eignen Tod" kann mit Sartre jedenfalls als die verdichtete Einordnung des Todes in das Leben gelesen werden. Er konstatiert, dass sich bei Heidegger dieser Wechsel des Blickwinkels philosophisch vollzogen hat: Bei ihm erscheint der Tod gleichsam als Schlussakkord eines Lebens, als allerletztes Phänomen des Lebens, aber eben immer noch dem Leben zugehörig. Mit dieser Betrachtungsweise wird der Tod freilich vermenschlicht, gezähmt, dem Individuum zugeordnet. In einer solchen Auffassung erscheint der Tod nicht als Grenze der Freiheit, sondern durch die Freiheit vereinnahmt. Diese Denkart erscheint Sartre als Versuch der idealistischen Vereinnahmung des Todes in das Leben, dem er eine realistische Betrachtung des Todes als etwas Nichtmenschliches entgegensetzt. Sartre weist folglich die Betrachtungsweise des Todes als zum Leben gehörenden Schlussakkord vehement zurück und betont den absurden Charakter des Todes. „Es ist absurd, dass wir geboren werden, es ist absurd, dass wir sterben", schreibt Sartre (1993, 939). Die Absurdität gründet sich hier darin, dass der Tod eben ein kontingentes Faktum ist. „Der Tod ist ein reines Faktum wie die Geburt; er geschieht uns von draußen und verwandelt uns in Draußen" (Sartre 1993, 937).

Der Tod ist dementsprechend keine wirkliche Grenze der Freiheit, da er als Draußen, als nicht dem Leben zugehörig, die Freiheit nicht zu berühren vermag. Er ist dem Leben und damit der Freiheit fremd. Die Freiheit ist durch den Tod nicht beeinträchtigt, er steht den Lebensentwürfen nicht als Hindernis entgegen, da der Tod etwas ist, das sich dem Denken entzieht und daher die Entwürfe notwendig unabhängig vom Tod bleiben müssen. Gerade bei Sartre, für den das menschliche Sein mit einer radikal verstandenen Freiheit zusammenfällt, ist der Tod das Ende aller Möglichkeiten, das Ende des Entwurfs, in dem der Einzelne seine Freiheit realisieren kann. In diesem Sinne ist der Tod die Grenze der Freiheit, doch eine Grenze, der die Freiheit nie begegnen kann.

Hier steht Sartre zweifellos in einer Nähe zu Epikur, der den Tod als ein Außerhalb des Lebens konzipiert hat. Ist der Tod außerhalb des Lebens angesiedelt, kann er das Territorium der Freiheit gar nicht betreten. Damit nimmt der Tod dem Leben jeden Sinn – eine Auffassung, die diametral zu Heideggers Todeskonzeption steht.

Sartres Einwand gegen Heidegger richtet sich gegen die Möglichkeit, durch den Tod dem Dasein einen Sinn zu verleihen. In Sartres Betrachtung jedoch gehört der Tod nicht in die Kategorie der Ereignisse, die erwartet werden können. Infolgedessen ist es nicht möglich, den Tod als personalisiertes Ereignis zu kennzeichnen. Sartre unterscheidet hier zwei Bedeutungen des französischen Verbs *attendre*: Zum einen kann es „warten" bedeuten, so wie etwa das Warten auf einen Zug, zum anderen kann es „gefasst sein auf etwas" bedeuten. Auf den Tod kann man nicht warten, wohl aber kann man auf ihn gefasst sein. Selbst wenn – etwa bei einem zum Tode Verurteilten – ein genaues Datum, vielleicht sogar die Stunde feststeht, so kann der Tod dennoch früher eintreten, etwa durch eine Erkrankung oder durch andere Zufälle. Daher entzieht sich der Tod immer einer genauen zeitlichen Bestimmung, er ist etwas, was sich schlichtweg der zeitlichen Bestimmung entzieht. „Mors certa, hora incerta": Der Tod ist sicher, seine Stunde aber unbestimmt.

Die Existenz des Menschen ist bei Sartre als *Für-sich-Sein* charakterisiert, als ein durch das Bewusstsein bestimmtes Sein im Gegensatz zum *An-sich-Sein* der veränderungslosen Dinge. Da bei Sartre der Mensch als ein freies Wesen gedacht ist, das sich hinsichtlich seiner Wünsche und Ziele immer selbst *entwerfen* muss, stellt sich die Frage nach dem Anderen. Wie sehen die Bezüge zum Anderen, zur Mitwelt aus? Sartre analysiert dieses Verhältnis am Beispiel des Blicks. Der Blick des Anderen verobjektiviert zunächst das Für-sich-Sein. Durch diese Vergegenständlichung wird aus dem Für-sich-Sein ein *Für-andere-Sein*. So erscheint im Blick des Anderen jemand beispielsweise als eifersüchtig oder plump. Nur durch die Negation dessen, worauf der Andere das Für-sich-Sein festlegt, kann eine Bestimmung des Selbst erreicht werden, freilich nur zum Preis des Konflikts mit dem Anderen. Selbst mit dem Tod ist das Für-andere-Sein nicht zu Ende. Sartre geht zunächst davon aus, dass jeder Mensch eine Haltung gegenüber den Toten hat. Selbst Gleichgültigkeit ist eine Verhaltensweise ihnen gegenüber. Daraus schließt er, dass nach dem Tod zwar das Leben für das einzelne Subjekt beendet ist, doch das tote Leben bleibt ein Für-andere-Sein.

Mit der Interpretation dieses Lebens durch die Anderen, die noch am Leben sind, erfährt das tote Leben eine Modifikation, freilich ohne die Möglichkeit, dieser irgendwie zu begegnen. Solange ein Mensch lebt, kann er den Anderen durch seine eigenen, freien Entwürfe begegnen, sie widerlegen, sich selbst zu dem machen, was er ist. Mit dem Tod erlischt diese Möglichkeit. In diesem Sinne stellt der Tod für Sartre (1993, 934) eine *Enteignung* dar: „Tot sein heißt den Lebenden ausgeliefert sein. Das bedeutet also, dass der, der den Sinn seines künftigen Todes zu erfassen versucht, sich als künftige Beute der anderen entdecken muss." Das tote Leben ist völlig abhängig von den anderen. Obwohl es abgeschlossen ist, erleidet es dennoch Veränderungen, die ihm die Hinterbliebenen, die Nachwelt zufügen, indem sie den Sinn dieses Lebens modifizieren und deuten. In diesem Sinne erscheint der Tod als totale Enteignung. Durch den Tod existiert man nur noch durch die anderen, aus dem subjektiven Sinn eines Lebens wird eine objektive Bedeutung, daher spricht Sartre (1993, 936) auch von einem „Triumph der anderen über mich".

Der Tod als Ende aller Möglichkeiten, als das, was jeden Sinn nimmt, als Enteignung und kontingentes Faktum, auf das sich niemand vorzubereiten vermag – die Todeskonzeption Sartres lässt bereits erahnen, was in späteren Thanatologien das Übel des Todes sein wird: die Privation, das Ende aller Möglichkeiten des Subjekts.

Atomare Bedrohung und Apokalypseblindheit: Anders, Jaspers

In seinem Science-Fiction-Roman „Krakatit" hatte der tschechische Autor Karel Čapek in den 20er Jahren sehr hellsichtig die Erfindung eines Sprengstoffs mit verheerenden Wirkungen beschrieben. Der Titel des Buches ist eine Anspielung an den Vulkan Krakatau, der 1883 in einem gewaltigen Ausbruch über 30 000 Menschenleben vernichtete, zwei Drittel der Insel im Meer versinken ließ und eine enorme Flutwelle auslöste. Čapeks Protagonist Prokop entdeckt die Atomexplosion und gelangt mit dem Wissen um diese verheerende Formel in die Situation, den Verlockungen der damit verbundenen Macht zu erliegen. Alle wollen die Formel, durch die ganze Städte und Länder zerstört werden können, in ihren Besitz bringen. Nach einer ungeheuren Explosion, der eine lange Stille folgt, entschließt sich Prokop, die Formel zu vergessen. „Du aber, Menschheit, du gleichst nur einer Schwalbe, die sich geschäftig ihr Nest unter dem Dache eines kosmischen Pulverlagers gebaut hat. Du zwitscherst bei Sonnenaufgang, während in den Fässern unter dir das furchtbare Potenzial der Explosion lautlos vibriert", erkennt der Ingenieur Prokop im Fieber (Čapek 1984, 44). Čapek war einer der ersten Schriftsteller, der ein atomares Zerstörungsszenario antizipierte. Bereits 1914 beschrieb H. G. Wells in der Novelle „The World Set Free" eine atomare Katastrophe. Es gab die Bombe, bevor es die Bombe gab. Die Realität sollte die Fiktion rund 30 Jahre später einholen: Am 6. August 1945 wurde die Atombombe „Little Boy" über der japanischen Stadt Hiroshima abgeworfen, am 9. August folgt der Abwurf von „Fat Man" auf Nagasaki. Beide Städte wurden dem Erdboden gleichgemacht, um die 160 000 Menschen starben unmittelbar bei den Abwürfen, am 15. August folgte die Kapitulation Japans.

Die Atombombenabwürfe auf Hiroshima und Nagasaki bildeten einen Wendepunkt im Leben des Philosophen Günther Anders (1902–1992). Sein Schreiben kreiste nunmehr um die Bemühung, die Möglichkeit, die mit den Nuklearwaffen gegeben war, nämlich die Auslöschung der gesamten Menschheit, den *Holozid*, philosophisch zu fassen. In seinem Hauptwerk „Die Antiquiertheit des Menschen", das 1956 erstmals erschien, bezeichnet Anders (2002a, 239) die Menschen als die „Herren der Apokalypse". Die Apokalypse muss hier von religiösen Vorstellungen wie der des Armageddon oder des Jüngsten Gerichts unterschieden werden, sind diese Vorstellungen doch immer in eine Kosmologie eingeordnet, die eine höhere, die Geschicke der Menschen ordnende Macht voraussetzt. Im Denken Anders' geht es nicht mehr um die Macht Gottes, sondern um die Macht des Menschen, genauer: die *potestas annihilationis*, die Macht zur Vernichtung. Seine geschichtsphilosophisch aufschlussreiche Erkenntnis beschreibt die Besonderheit dieser Möglichkeit: Nie zuvor war die Situation gegeben, in der die Menschheit als Gattung vernichtet werden kann.

Dieser Erkenntnis folgend beschreibt Anders die Menschen als „kosmische Parvenus", befristete Wesen, deren Existenz eine Existenz auf Widerruf ist. Demzufolge muss auch die klassische logische Ableitung „Alle Menschen sind sterblich" völlig neu formuliert werden. Die revidierte Fassung von Anders (2002a, 243) lautet: 1) Alle Menschen sind sterblich. 2) Alle Menschen sind tötbar. 3) Die Menschheit als ganze ist tötbar.

Dass die Menschheit sich selbst auslöschen kann, ist für Anders das Unterscheidungsmerkmal, die *differentia specifica* zu anderen Epochen. Der Gedanke Anders' ist einleuchtend: Das Wissen um die Bombe ist nicht mehr auszulöschen. Einmal Atombombe, immer Atombombe. Offensichtlich kann nur in der Fiktion, wie in Čapeks Roman, die Entscheidung getroffen werden, sich der gerufenen Geister durch Vergessen einfach wieder zu entledigen. Für Anders bezeichnet die mögliche Ermordbarkeit der gesamten Menschheit, also die Zeit nach 1945, die letzte historische Epoche, da sie in nichts anderes übergehen kann. Durch die Auslöschung gäbe es nämlich gar keine Geschichte, keine Epochen mehr. Die Konsequenzen einer solchen Vernichtung würden in der totalen Erinnerungslosigkeit liegen – niemand könnte sich an irgendetwas erinnern, nicht nur der Ruhm eines Einzelnen wäre gefährdet, sondern alles wäre vergeblich gewesen. Ein zweifacher Tod. Nicht einmal die Feststellung, dass „nichts war", könnte mehr getroffen werden. Der amerikanische Psychiater Robert Jay Lifton (1986) bemerke in seiner Arbeit mit den *Hibakusha*, den Überlebenden von Hiroshima und Nagasaki, dass die konventionellen religiösen Vorstellungen unzureichend für die Verarbeitung der Katastrophe waren. Er schloss daraus, dass es offenbar ein Empfinden für die Kontinuität biologischen Lebens braucht, um Vorstellungen von Transzendenz bewahren zu können.

Günther Anders' Anstrengungen des Denkens der atomaren Vernichtung kreisen um drei Themen: das Wesen der Bombe, die Bedeutung ihrer Existenz und der Umgang der Menschen mit der Möglichkeit ihrer Auslöschung (Liessmann 2002, 120). Die Frage nach dem Wesen der Bombe beantwortet Anders erst einmal *ex negativo*: Wann immer wir von der Bombe sprechen, bedienen wir uns gewohnter Kategorien zur Orientierung in der Welt, nämlich der Zweck-Mittel-Relation. Die Bombe wird als Mittel gedacht, das in irgendeinem Zweck aufgehen müsse. Tatsächlich aber ist die Bombe absolut zu groß, denn der einzige Zweck, denn sie erfüllen könnte, wäre das Ende von allem. „Jedenfalls ergäbe die Steigerung des Mittels nichts Neues; nichts Neueres als der Komparativ des Eigenschaftswortes ‚tot'", schreibt Anders (2002a, 250). Nur wenn das Ende der Menschheit als Zweck angestrebt würde, könnte die Bombe als Mittel bezeichnet werden. Die populäre Rede vom Zweck, der ja angeblich die Mittel heiligt, ist umgedreht. Fortan sind es die Mittel, die Zwecke heiligen, da die Herstellung der Mittel der einzige Zweck geworden ist. Denn wozu irgendetwas von Menschen Hergestelltes gut sein soll, das entscheidet sich immer erst im Nachhinein.

Wie steht es also um die Atombombe? Anders vertritt die Auffassung, dass sie schon ständig eingesetzt wird und werden muss, nicht nur an den zwei Tagen im August 1945. Warum? Dem Sprechen von der Atombombe als Druckmittel setzt Anders zwei Argumente entgegen. Die Bombe ist die absolute Erpressung, da sie einen ungeheuren, nicht absehbaren Effekt hat. Insofern kann sie nur alle erpressen, weil sie prinzipiell über ihr Ziel hinausschießt. Zum anderen ist die charakteristische Unterscheidung von Probe und Ernstfall, Experiment und Anwendung bei der Atombombe nicht mehr gegeben. Normalerweise finden Experimente der Wissenschaften ja in einem isolierten, geschützten Raum statt. Doch nukleare Experimente durchbrechen diese Abgeschlossenheit, sind faktisch in der Welt, mittendrin, zeigen Konsequenzen. Anders führt den Begriff *geschichtlich überschwellig* ein, der Ereignisse bezeichnet, deren Folgen nicht zu einer Änderung von Geschichte, sondern zu einer Auslöschung von Geschichte führen.

Wie gehen Menschen mit dem Wissen um die Möglichkeit der atomaren Vernichtung um? Günther Anders knüpfte an Heideggers Theorie der Todesverdrängung an, wenngleich in völlig anderer Form. Was die Menschen verdrängen, ist nicht der eigene Tod, sondern der mögliche Tod der Gattung Mensch. Die Bombe wird bagatellisiert, weil sie als Mittel unter anderen Mitteln dargestellt erscheinen muss, um nicht die Ordnung der Welt in Mittel und Zwecke zu gefährden. In diesem Zusammenhang bezeichnet Anders die Bombe als *monströs*, im ursprünglichen Wortsinn, der Wesen ohne ein bestimmtes Wesen bezeichnete. Hierzu kommt eine auffällige Unfähigkeit zur Angst vor den Möglichkeiten der atomaren Bedrohung. Anders (2002a, 265) spricht von einem „Zeitalter der Unfähigkeit zur Angst" und von „Analphabeten der Angst".

Doch wieso wird der Bombe scheinbar nicht adäquat begegnet? Historisch gesehen hatte das Ende des Zweiten Weltkriegs wohl zur Entspannung beigetragen, doch die Hauptursache liegt in einem spezifischen Unvermögen: der *Apokalypseblindheit*. Die atomare Apokalypse wäre Resultat menschlichen Handelns – und als solches ein Resultat von einem von Menschen hergestellten *Ding*, der Bombe.

Anders beschäftigte sich intensiv mit dem Verhältnis von Technik und Menschen und stellte fest, dass eine bestimmte Diskrepanz zwischen der Leistungsfähigkeit der hergestellten Geräte und der des Menschen besteht. Angesichts der Unterlegenheit des Menschen gegenüber der Maschine erscheint der Mensch singulär, sterblich: *antiquiert*. Diese Schieflage beschreibt Anders als *prometheisches Gefälle*. Das Vermögen einer Vorstellung, eines Gefühls – von Toten zum Beispiel – ist beschränkt: „Vorstellen können wir die zehn Toten vielleicht. Zur Not. Aber töten – können wir Zehntausende. Ohne weiteres. Und die Leistungssteigerung wäre und ist kein Problem" (Anders 2002a, 269). In diesem Sinne kann es zwar ein Wissen um den Atomkrieg geben, aber noch kein Begreifen davon. Die Vorstellungskraft setzt aus, wenn es um die Folgen einer atomaren Vernichtung geht, die Effekte sind schier unvorstellbar.

Aber wie konnte es zur Herstellung der Atombombe kommen? Wie kann in einer solchen Unternehmung nach Verantwortung gesucht werden? An der Entwicklung, Herstellung und am Abwurf der Bombe waren unzählige Menschen beteiligt. „Am Schluss wird es niemand gewesen sein", stellt Anders (2002a, 245) heraus. Für Anders ist es gerade die Komplexität des Herstellungsprozesses, die Menge der Arbeitsschritte und die beteiligten Personen, die erleichternd bei der Herstellung wirken. Die Crux besteht in der Unüberschaubarkeit des Ganzen, während die nötigen Teilschritte, jeweils unbemerkbar klein, stets mit allergrößter Sorgfalt durchgeführt werden. Die Arbeitsteilung, die Fokussierung der einzelnen Person auf nur ihren jeweiligen Arbeitsschritt verhindert ein Nachdenken über die Produkte und ihre Effekte in moralischen Kategorien. Anders beschrieb die Produkte arbeitsteiliger Produktion als *transzendent*, da das Endprodukt im Arbeitsprozess vom Einzelnen nicht bedacht wird – und tatsächlich niemand der Beteiligten auf die Idee kommt, die hergestellten Produkte zu kritisieren oder in Frage zu stellen. „Schmutz geteilt durch tausend ist sauber", lautet Anders' (2002a, 247) bissige Analyse des Bombenbaus und des daraus resultierenden Fehlens von Verantwortlichkeit.

Auch im Denken des deutschen Existenzphilosophen Karl Jaspers (1883–1969) nahm die Beschäftigung mit der Atombombe einen prominenten Platz ein. In einem Radiovortrag 1956 hatte Jaspers die Bedrohung durch die Atombombe als Möglichkeit für das Ende allen menschlichen Lebens beschrieben. Die Zerstörungskraft der Waffe wurde seit Hiroshima und Nagasaki enorm gesteigert, wie die neuen Atomversuche gezeigt haben. Die Abwürfe von 1945 stellten nur einen

Vorgeschmack auf das Vernichtungspotenzial der neueren Bomben dar. Jaspers führte drei Thesen zur Atombombe und der Zukunft des Menschen aus. Erstens war er der Ansicht, dass alle die Abschaffung der Bombe wollten – und dass die Abschaffung nur dann zuverlässig funktionieren könne, wenn eine wechselseitige Kontrolle dieser Abrüstungsbemühungen stattfände. Zweitens schloss er, dass niemand es ernsthaft wagen würde, die Bombe einzusetzen, da durch ihren Einsatz beide Gegner vernichtend getroffen würden. Wenn jedoch, so die dritte These, der Atomkrieg erst unmöglich geworden ist, würde jeder Krieg unmöglich werden – eine fatale Fehleinschätzung Jaspers', wie sich gezeigt hat. Er ging davon aus, dass keiner mit dem Einsatz der Bombe beginnen würde und somit die „totale Bedrohung die totale Rettung erzeugt" (Jaspers 2006). Dieser Gedanke findet sich schon bei H. G. Wells, der in seinem Roman das Auftauchen einer Superwaffe als Möglichkeit beschreibt, die Menschheit endlich zur Vernunft zu bringen (Brandstetter 2009, 6).

In seinem Buch mit dem gleichnamigen Titel, das 1957 folgte, beschrieb Jaspers (1960) die Gefahr des Untergangs der Welt zwar eindringlich, doch er stellte dieser Gefahr eine andere gegenüber: den Totalitarismus der Sowjetunion. Für ihn sind die beiden Gefahren gleichrangig und miteinander verbunden. Gerade diese Ansicht verurteilte Anders (1986, 46) so scharf, dass er Jaspers als einen „Katheder-Apokalyptiker" bezeichnete. Denn die Atomdrohung ist für Anders nichts als eine außenpolitische Version des Totalitarismus, aber eine, die Menschen tatsächlich vernichtet. Auch gegen die gebräuchliche Redensart von einem möglichen *Selbstmord* der Gattung Mensch wendet sich Jaspers: Bedeutet der Freitod der höchste Grad der Freiheit eines einzelnen Menschen, so ist die völlige Vernichtung der höchste Grad der Unfreiheit.

Die atomare Vernichtung aus einem völlig anderen Blickwinkel hat der deutsche Schriftsteller und Philosoph Ulrich Horstmann (1983) in seiner Abhandlung „Das Untier" beschrieben. Das Untier ist der Mensch, die Geschichte ist eine Folge von Grausamkeiten und Vernichtung. Sein Plädoyer gilt der Möglichkeit der Auslöschung aller Untiere, die unwiderrufliche Vernichtung der gesamten Menschheit. Er wendet sich gegen den *Anthropozentrismus* einem *anthropofugalen* Denken zu, das ein Ende der Untiere als einzige Möglichkeit für das Weiterbestehen der Natur begreift. Horstmann kritisiert Anders' Warnungen vor der Apokalypse als philosophisch ungesichert, da

Anders keine Begründung für seine ethischen Prämissen anzugeben vermag. Er begründet nicht, warum das Ende der Menschheit einer Katastrophe gleichkommt, bei ihm scheint die Katastrophe evident und nicht weiter erklärungsbedürftig, weil für ihn die Welt und Menschheit schlicht und einfach erhaltungswürdig ist. Das Auftreten gegen die mögliche Apokalypse ist für Horstmann (1983, 108) nichts als ein Zurückgehen in die Vergangenheit, eine Verstocktheit gegen ein „vorprogrammiertes Inferno". Für ihn ist der Not nur durch das Ende ein Ende zu bereiten.

Epikurs Erben: Williams, Nagel, Feldman, McMahan

Nicht der Gattungstod, sondern der Partikulartod ist in der Philosophie seit den 80er Jahren wieder vorrangiges Thema. Vielleicht hatte Anders mit der Apokalypseblindheit Recht behalten – oder das Nachdenken über die atomare Vernichtung aller ist selbst schon antiquiert. Doch der Tod des einzelnen Menschen stellt noch immer eine Herausforderung der Philosophie dar. Ist der Tod ein Übel? Wenn ja, worin genau besteht dieses Übel? Zweifellos ist ein Todesfall für die Hinterbliebenen ein schwerer Verlust. In seinem Gedicht „Die Trennung" beschreibt der Dichter Klopstock auf sehr eindringliche Weise die Angst vor dem Abschied als den furchterregendsten Aspekt des Todes. Dies ist offenbar ein Aspekt der Furcht vor dem Tod, die ihn als Übel erscheinen lässt. Auch das Sterben kann als Übel betrachtet werden, je nachdem, ob der Verlauf sehr schmerzhaft ist oder aber friedlich verläuft.

Doch wie verhält es sich mit dem eigenen Tod unter der Voraussetzung, dass er als irreversibles Lebensende ohne metaphysische oder religiöse Tröstungen eines Weiterlebens erscheint? Kann der Tod dennoch als Übel gedacht werden, wenn er doch, wie Epikurs Argument nahelegt, das Ende jeder Empfindung für das Subjekt darstellt? Der Tod wird vor allem in der angloamerikanischen Tradition als Auseinandersetzung mit Epikurs und Lukrez' These von der Leidfreiheit im Tod geführt. Der Grund, warum der Tod ein Übel ist, liegt in der Privation, in der Beraubung, im Verlust von Möglichkeiten, die das Leben geboten hätte. Auch wenn man der Privationsthese zustimmen mag, stellt sich die Frage, ob der Tod immer ein Übel sein muss, oder ob auch Ausnahmen von dieser Annahme zulässig sind.

In seinem Aufsatz „Die Sache Makropulos. Reflexionen über die

Langeweile der Unsterblichkeit", der 1973 erschien, charakterisiert Bernard Williams (1978) den Tod als Übel. Er bezieht sich auf die antike Bewertung der Todesfurcht, die Ethik des Loslassens, wie sie bei Epikur und Lukrez beschrieben ist: Da der Tod mit der Auslöschung des Subjekts die Auslöschung jedweder Empfindung desselben darstellt, solle man den Tod nicht fürchten. Um irgendetwas als ein Gut oder Übel erfahren zu können, muss man ja existieren. Zudem macht ein früherer Tod oder ein späterer Tod angesichts der Zeiträume, in denen man nicht ist, keinen Unterschied. Doch für Williams liegt die Sache nicht so einfach. Der Tod zeigt sich als Verlust für ein Individuum. Das mag auf den ersten Blick plausibel erscheinen, ist der Tod doch der Verlust des Lebens. Doch der entscheidende Punkt liegt im Verlust bestimmter Inhalte des Lebens, Erfahrungen, die ein Individuum machen kann, wenn es lebt. Der Tod verhindert die Verwirklichung von Wünschen, er beraubt denjenigen, der stirbt, jener Güter, die er im Leben erfahren kann. Ein langes Leben ist zweifellos reicher an Wohltaten als ein kurzes. Daher ist es schlüssig, den Tod nicht zu wünschen. „Etwas wollen heißt in ebendem Maß auch Grund haben, sich dem zu widersetzen, was den Besitz dieses Dinges ausschließt; und der Tod ist gewiss etwas, das sehr viele Dinge ausschließt, die man sich wünscht" (Williams 1978, 138). Daher ist es nur logisch, den Tod als Übel anzusehen und ihn daher vermeiden zu wollen. Der Tod ist ein Übel, aber Williams zeigt, dass er nicht immer ein Übel ist. Sobald eine Person nicht mehr über Wünsche verfügt, die ein Weiterleben wünschenswert erscheinen lassen, hört der Tod auf, ein Übel zu sein.

Ähnlich argumentiert Jay F. Rosenberg (1998), für den das Leben auch nur insofern ein Gut darstellt, weil er die Voraussetzung für mögliche Erfahrungen ist. Der Tod ist ein Übel, weil er alle Möglichkeiten eines Menschen aufhebt. Demnach kann der Tod nicht einfach als Ende des Lebens, sondern muss als Verlust aller durch das Leben gegebenen Kapazitäten beschrieben werden.

Auch für Thomas Nagel (2001) ist der Tod ein Übel, doch in radikalerer Form. Er gründet seine Ausführungen zum Tod wie Williams auf die Prämisse, dass der Tod das endgültige Ende des Individuums ist, und er schließt jede Form eines bewussten Weiterlebens nach dem Tod aus. Nicht der Tod als vorgestellter Zustand ist schlimm, sondern vielmehr der Verlust des Lebens. In diesem Zusammenhang geht Nagel auch auf die These ein, dass wir das Sterben viel eher als den Tod fürchten. „Aber im Prinzip hätte ich ja nichts am Sterben auszusetzen, würde ihm nicht der Tod folgen", so seine Anmerkung (Nagel 2001, 19). Auch Nagel bezieht sich auf das Argument des Lukrez von der Nichterfahrbarkeit des eigenen Todes und erhebt Einwand dagegen. Die Tatsache, dass der Tote selbst seinen Zustand nicht mehr erfahren oder gar bedauern kann, ändert noch nichts am Tod als Übel. Nagel benutzt das Beispiel einer anderen Privation, um sein Argument zu illustrieren: Erleidet ein Mensch einen so schweren Hirnschaden, dass dieser ihn in den Zustand eines Säuglings versetzt, so mag es sein, dass er selbst nicht unter diesem Zustand leidet. Von Anderen wird dennoch die erwachsene Person bedauert, der Mensch, der er einmal gewesen ist und der nun eines Großteils möglicher Erfahrungen beraubt ist. Nagel geht es um die Möglichkeit, überhaupt Erfahrungen machen zu können – nicht um die Qualität oder Inhalte dieser Erfahrungen. Ein Subjekt muss die Sabotage seiner eigenen Möglichkeiten auch nicht selbst wahrnehmen oder verstehen, um ihrer beraubt zu sein. Die schlichte Möglichkeit, etwas zu empfinden, macht aus dem Leben ein Gut und aus dem Tod ein Übel. So gesehen sind auch schlechte Erfahrungen besser als gar keine.

Es ist jedoch nicht nur das bloße organische Weiterleben, sondern der Reichtum an Empfindungen, der ein Leben lebenswert macht. Nagel zeigt dies an einem weiteren Beispiel: Es wäre wohl gleichgültig, ob man nach einem langen Koma stürbe oder gleich stürbe. Der Tod ist ein Übel der Privation, weil er dem Subjekt alle Erfahrungsmöglichkeiten ein für alle Mal nimmt. Auch der oft formulierte Einwand, dass jeder einmal sterben muss, ändert daran nichts. Völlig ungeachtet des Zeitpunkts seines Eintretens beraubt uns der Tod immer unserer Möglichkeiten. Die Notwendigkeit zu sterben lässt nicht etwa den Schluss zu, dass es nicht besser wäre, einfach weiterzuleben.

Fred Feldman kommt in seiner 1994 veröffentlichten Untersuchung „Confrontations with the Reaper" zum Ergebnis, dass der Tod ein Übel ist, wenn er eine Person jener freudvollen Erlebnisse beraubt, die sie im Falle eines Weiterlebens genossen hätte. Seine Überlegungen gründen auf einer hedonistischen Wertetheorie, die lustvolle Empfindungen und Erfahrungen als wünschenswertes Gut beschreibt. Feldman stimmt mit Epikur insofern überein, als auch er der Ansicht ist, dass der Tod nicht schmerzhaft für das Subjekt sein kann, das ihn erleidet. Anders verhält es sich beim Sterben, das schmerzvoll sein kann. Feldman erläutert diese Trennlinie zwischen Sterben und Tod am Beispiel eines Jungen, der während einer Operation anästhesiert auf dem Operationstisch stirbt. Dieser erlebt sein eigenes Sterben nicht, das Übel liegt folglich nicht in seinem Sterben, sondern im Tod des Jungen, der seines künftigen Lebens mit all seinen Erfahrungsmöglichkeiten beraubt wird.

Feldman folgt der utilitaristischen Tradition von Jeremy Bentham (1748–1832) und John Stuart Mill (1806–1873), die das Freisein von Leid (*pain*) und das Erleben von angenehmen Gefühlen (*pleasure*) als ethische Grundlagen angesetzt hatten. Nach utilitaristischer Rechnung würde er mehr Wohltaten des Lebens erfahren haben, wenn er weitergelebt hätte. Durch den Tod wird ihm Gutes vorenthalten. Doch im Gegensatz zu Thomas Nagel vertritt Feldman die Auffassung, dass der Tod nicht immer ein Übel für denjenigen ist, der stirbt. Der entscheidende Faktor ist die Bestimmung dessen, was stattfinden hätte können, wenn der Tod nicht jeder Verwirklichung der Möglichkeiten dieses Lebens zuvorgekommen wäre. Folglich ist die Bewertung eines einzelnen Todesfalls von den Umständen abhängig. In dieser Bilanzierung erscheint der Tod nicht mehr als Übel für eine Person, die mehr Leiden und Schmerzen als lustvolle Erfahrungen machen kann. Es kann also nicht nur gesagt werden, dass der Tod schlecht ist, sondern es lässt sich auch das Ausmaß bestimmen. Es ist immer nur der angenommene Verlust, der das Unglück, das Übel des Todes kennzeichnet. Daraus folgt für Feldman, dass der Tod eines jungen Menschen immer ein größeres Übel darstellt als der eines älteren, der ein reichhaltiges, erfülltes Leben hinter sich lässt.

In seiner kritischen Analyse von Feldmans Argumentation gelangt der amerikanischer Ethiker Jeff McMahan (2002) zum Ergebnis, dass nicht bloß die durch den Tod verlorenen Möglichkeiten das Übel darstellen. In „The Ethics of Killing" beschreibt er das theoretische Problem, das bei der Vorstellung eines alternativen Lebensverlaufs besteht. Wie lässt sich sagen, wie ein Leben ausgesehen hätte? Wie lässt sich ein nur mögliches Leben bewerten? Wenn man sich vorstellt, wie das Leben eines Menschen verlaufen wäre, wenn er nicht gestorben wäre, sind immer verschiedene Zukünfte vorstellbar. McMahan geht davon aus, dass ein Individuum zukunftsbezogene Wünsche und Interessen hat, die wiederum von seinen kognitiven Fähigkeiten abhängig sind. Ein Individuum muss ein Bewusstsein seiner selbst haben und sich selbst im Zeitverlauf verstehen können, um Wünsche für seine Zukunft entwickeln zu können. McMahan weist darauf hin, dass der schlimmste Tod in Feldmans Theorie der eines Fötus sein müsste – denn in diesem Fall wäre die verlorene Zukunft die größte anzunehmende Zeitspanne und daher der größte Verlust an Möglichkeiten. Gegen diese Konsequenz wendet er sich entschieden, indem er nicht den Verlust des Lebens als ganzes, sondern den spezifischen Verlust für ein spezifisches Individuum, nämlich die Vereitelung seiner zukunftsbezogenen Interessen, als entscheidendes Bewertungskriterium für das Übel des Todes ansetzt. Das Beurteilungskriterium von McMahan deutet an, was aus der Innenperspektive des jeweiligen Individuums als Verlust erscheinen mag. Folglich ist der Tod am Lebensbeginn nicht der schlimmste anzunehmende Tod, da ein Fötus noch keine zukunftsbezogenen Wünsche und Interessen hat, die durch den Tod durchkreuzt werden könnten. Aus dieser Betrachtungsweise ist der Tod eines Fötus wenigstens für diesen selbst kein Übel.

Der Tod als Skandal: Jankélévitch

Die Katastrophe des Todes jenseits seiner Bestimmung als Übel, das je nach Umständen kleiner oder größer erscheinen kann, hat der französische Philosoph Vladimir Jankélévitch eindrucksvoll geschildert. Nach der Besetzung Frankreichs durch die Nationalsozialisten wurde er aufgrund seiner jüdischen Herkunft mit einem Lehrverbot belegt und schloss sich der Résistance an. Sein Hauptwerk „Der Tod", das 1977 erstmal erschien und seit 2005 in deutscher Übersetzung vorliegt, ist eine groß angelegte Studie, in der sich Jankélévitch eingehend mit den philosophischen Bestimmungen des Todes beschäftigt. Für ihn ist der Tod ein *Skandal*, der letztlich unbegreiflich für den menschlichen Verstand bleiben muss und der keine Tröstungen oder Beschönigungen erlaubt. Im Tod enden jäh alle Möglichkeiten des Individuums. In diesem Licht betrachtet erscheint die Vernichtung des Lebens mit all seinen Möglichkeiten niemals als natürliche Sache, sondern immer schon als gewaltsamer Vorgang. Man muss nicht ermordet werden oder einen schlimmen Unfall erleiden, auch Krankheiten, sogenannte natürliche Todesursachen, töten in diesem Sinne gewaltsam. „Der Tod vernichtet mit einem Schlag ein voll ausgebildetes und bewusstes Lebewesen, das imstande ist, zu leiden, zu denken, glücklich oder unglücklich zu sein … Dies ist Mord! Wie sollte eine solch jähe Vernichtung nicht ruchlos sein!" (Jankélévitch 2005, 492).

Der Tod ist stets ein gewaltsames Ereignis, das dem Individuum zustößt, weil es nicht notwendig ist, zu einem bestimmten Zeitpunkt zu sterben oder erst danach. In der Medizin kann gezeigt werden, dass das Leben verlängert werden kann, warum also nicht immer ein bisschen länger leben? Dennoch wäre es für Jankélévitch (2003, 19), wie er in einem Gespräch mit Daniel Diné bemerkt, absurd, überhaupt nicht sterben zu müssen. In Ablehnung des Spiegelbildarguments von Lukrez zeigt er, dass die Nichtexistenz vor der Geburt und nach dem Tod nicht parallelisiert werden kann. Durch die Geburt aus dem *Nichtsein* herausgetreten, ist das Sein auf Zukunft ausgerichtet. Der Skandal liegt nicht im pränatalen Nichtsein, sondern schlichtweg darin, dass etwas, was ist, zu Ende geht. Das Leben sollte eigentlich fortdauern, aber es wird durch den Tod vernichtet. Der Tod ist demnach ein banales Phänomen, da er jedes Leben beendet, und dennoch ein zugleich skandalöses Ereignis, weil er es eben beendet.

Gegen die Antike und späterhin Montaignes Bestimmung vom „Philosophieren heißt sterben lernen" wendet sich Jankélévitch entschieden. Anders als andere Tätigkeiten, in die man sich einüben könnte, ist das Sterben keine Betätigung, keine Arbeit, nichts, was man trainieren könnte. Er spricht von einem Vorgang, der improvisiert werden muss, da jeder nur einmal, aber dafür endgültig stirbt. Sterben ist immer zum ersten und gleichzeitig zum letzten Mal. Daher kann es keine Propädeutik des Sterbens geben, die das plötzliche, überraschende Sterben erlernen lässt. Das Individuum wird immer überrumpelt vom Tod, der stets unerwartet kommt. Da es für Jankélévitch kein Wissen über ein Jenseits gibt, ist auch völlig unklar, worauf, wenn überhaupt, man sich vorbereiten soll.

Im Tod wird das Bewusstsein irreversibel vom Nichtsein abgelöst, er kann nicht gedacht werden. Auch Jankélévitch unterscheidet den Sterbeprozess vom eigentlichen Tod. Der Augenblick des Todes, der wohl als Todeszeitpunkt bestimmbar ist, lässt sich in Jankélévitchs Konzeption nicht diskursiv aufrollen, es ist ein *Fast-Nichts*, das zwar ein biographisches Datum markiert, aber gleichzeitig das Ende einer Biographie darstellt. Dem *Fast-Nichts* folgt aber das *Nichts*, insofern gibt es keinen Erkenntnisgewinn über den Tod. Dieser Auffassung folgend wäre das Sprechen über die Einsamkeit des Sterbenden als Alleinsein im Todesaugenblick, nicht aber notwendigerweise als Einsamkeit beim Sterben zu verstehen. Jeder stirbt für sich allein – aber nur in jenem Moment, der den Sterbeprozess beendet. Nicht das Sterben, die Verlustgeschichte körperlicher Funktionen, sondern der Augenblick des Todes ist in der Auffassung Jankélévitchs unmöglich zu kategorisieren und verwehrt sich auch einer Beschreibung als Kulminationspunkt oder Übergang.

Auch die Möglichkeit, den Augenblick des Todes als eine qualitative Veränderung zu denken, verneint Jankélévitch. Dieser Augenblick wird als Zerstörung gedacht, nicht als Veränderung eines Zustands in einen anderen, er ist die Vernichtung aller möglicher Modalitäten und Adjektive des Gestorbenen. Das Altern hingegen ist als qualitative Veränderung denkbar, doch: „Der Tod hingegen macht durch all das einen Strich!" (Jankélévitch 2005, 288). Ebenso ist für ihn der Todesmoment nicht als Wechsel in eine andere Zeit begreifbar, es ist keine Veränderung in ein Anderes. Auf der anderen Seite des Lebens steht nicht ein anderer Zustand, etwas, was sich beschreiben oder begreifen lässt, keine Metamorphose in etwas, das sich vielleicht noch nicht bestimmen lässt.

Für Jankélévitch weist der Tod Chronologie und Topographie zurück. Wohl ist der Tod im Diesseits lokalisierbar, es gibt einen Ort und eine Zeit des Todes, eines Todesfalls, doch im Moment des Todes verliert sich die Spur des Lebenden, er ist nicht *woanders*, die Frage nach dem *Wo* lässt keine Antwort zu. „Der Tote ist *absolut abwesend*, das bedeutet, er ist anderswo, und zwar nicht anderswo als hier oder dort, sonders anderswo als überall, nicht etwa irgendwo, sondern nirgendwo!" (Jankélévitch 2005, 301). Dieses Nirgendwo, das kein Ort ist, bricht auch jede Verbindung und Beziehung ab, der Tote ist für niemanden ein Du, er ist nur dritte Person, über die gesprochen werden kann. Das Nichtsein schließt jede Möglichkeit zur Kommunikation aus, und der Versuch, eine solche Kommunikation zustande zu bringen, würde daher ins Leere gehen.

4

Der Tod und die Moral: Sterbehilfe, Suizid

In diesem Kapitel geht es zunächst um die Vorstellungen und Ideale, die mit dem Begriff des guten Todes verbunden wurden und werden. Ein weiteres Thema ist die Auseinandersetzung mit dem Sterben, das dem Tod vorausgeht. Die Debatten um die Gestaltungsmöglichkeiten des Todes, dessen Eintritt heute zunehmend von den medizinisch-technischen Möglichkeiten geprägt ist, sind zum großen Teil Verhandlungen um die Zulässigkeit von Sterbehilfe und Beihilfe zum Suizid. Der Mensch, der sterben will und nicht sterben kann, ist zu einem der Hauptprobleme in der Medizinethik geworden. Schließlich soll der Freitod als Thema der Philosophie behandelt werden, wobei vor allem auf die Abhandlung von Jean Améry Bezug genommen wird.

Der gute Tod

Der gute Tod, griech. *euthanatos*, kann grundsätzlich zweierlei bedeuten: Zum einen macht er den Wunsch nach einem leichten, guten Tod am Ende des Lebens deutlich, der möglichst schnell und ohne langwieriges Leiden eintreten soll. Zum anderen kann Euthanathos das Verlangen nach Herbeiführung des Todes bezeichnen. In der Antike wurden mit dem guten Tod zumeist jene Sterbensarten bezeichnet, die ohne viel Leiden einhergingen. Im antiken Ideal der Todesverachtung kam es auf die rechte Lebensführung und die richtige, nämlich angstfreie Haltung gegenüber dem Tod an. Bei Lukrez ist der Tod nach einem möglichst gesättigten Leben das Ideal. Seneca (1924b, 119) rät in seinem 93. Brief an Lucilius dem Freund: „Nach der Tatenfülle sollen wir es messen, nicht nach der Zeit." Der Tod zur rechten Zeit, dem gelassen entgegengesehen werden kann, ist das antike Leitbild des guten Todes. Beihilfe zum Suizid oder die Tötung auf Verlangen wurden jedoch nicht in den Kontext ärztlichen Handelns gebracht; sie wurden nicht als Euthanathos bezeichnet und galten auch nicht als eigener Tatbestand des antiken Rechts (Benzenhöfer 1999, 22).

Bis heute ist jedoch der „Hippokratische Eid" aktuell geblieben, ein Text aus dem 4. Jahrhundert v. Chr., der aber mit ziemlicher Sicherheit nicht von Hippokrates selbst verfasst wurde. Der Eid steckt die Grenzen ärztlichen Handelns ab, deren Einhaltung von den angehenden Schülern der medizinischen Kunst beschworen werden musste. Der Eid beinhaltet die Selbstverpflichtung, stets zum Vorteil des Kranken zu handeln, kein tödliches Medikament zu verabreichen, auch nicht auf Verlangen, Frauen keine abtreibenden Mittel zu geben und keine chirurgischen Eingriffe vorzunehmen („Das Messer nicht gebrauchen"). In der laufenden Debatte um die Zulässigkeit von Sterbehilfe wird auf den Hippokratischen Eid immer wieder Bezug genommen.

Die mittelalterliche *ars moriendi* bezeichnet das rechte Sterben im Vertrauen auf Gott, der über Leben und Tod der Menschen verfügt. Niemandem stand es nach christlicher Auffassung zu, über das Ende seines eigenen Lebens zu entscheiden. Mit dem Tötungsverbot als zentrale ethische Bestimmung wurde auch die Lebensverkürzung mit ärztlicher Hilfe untersagt. Krankheit und Leiden waren Prüfungen Gottes und sollten ertragen werden. Die Kunst zu sterben lag in der Vorbereitung auf das Jenseits, irdische Vergehen gegen Gottes Gebote sollten bereut und die Sakramente der Beichte und der Letzten Ölung sowie der Kommunion mussten vor dem Tod empfangen werden. Daher galt auch ein plötzlicher Tod, der eine wirksame Sicherung des Seelenheils durch die Sakramente verhinderte, als besonders gefürchtet.

In der Renaissance wird das antike Ideal eines möglichst leichten und leidfreien Todes wieder belebt. Thomas Morus (2004, 80f.) beschreibt in seinem Werk „Utopia" (1516) die Qualen eines Sterbenden wie Folterqualen und plädiert dafür, dass sich ein derart Leidender entweder selbst oder mit ärztlicher Hilfe das Leben nehmen dürfe. Bei Morus kommt die Bestimmung hinzu, dass keinem Kranken gegen seinen Willen das Leben genommen werden soll, und dass Sorge um und Behandlung von Sterbenden nicht eingeschränkt werden sollen, wenn sie keine Beschleunigung ihres Todes wünschen. Auch Francis Bacon (2006, 237f.) beklagt in seiner Schrift „Über die Würde und die Förderung der Wissenschaften" (1605) die Untätigkeit der Ärzte am Sterbebett. Er unterscheidet den *innerlich sanften Tod*, der durch seelische Vorbereitung zu erlangen ist, vom *äußerlich sanften Tod*, der von der ärztlichen Kunst abhängt, und plädiert dafür, dass ein Arzt alles in seiner Macht Stehende unternehmen soll, um dem Sterbenden das Verlassen der Welt möglichst sanft zu machen. Wenn keine Hoffnung auf Genesung besteht, gebietet es die Menschlichkeit, dem Sterbenden den Tod zu erleichtern.

Eine unheilvolle Konnotation bekam der gute Tod durch das mörderische Programm, das Adolf Hitler zur rassistisch begründeten negativen Eugenik einführte und das zur Verbesserung des Abstraktums „Volksgesundheit" dienen sollte. Als *Euthanasie* wurden die Ermordung von psychisch Kranken, Menschen mit Behinderungen sowie Kindern mit körperlichen oder intellektuellen Beeinträchtigungen und die Ermordungen durch die Humanexperimente in den Konzentrationslagern bezeichnet. Im Jahr 1920 erschien die Schrift „Die Freigabe der Vernichtung lebensunwerten Lebens. Ihr Maß und ihre Form", verfasst vom Strafrechtler Karl Binding und vom Psychiater Alfred Hoche, die eine Vorbereitung der Verbrechen der NS-Zeit darstellt (Zimmermann 2000, 39). Den Ausführungen Bindings zufolge sollen Todkranke und Menschen mit geistigen Erkrankungen – Binding (1920, 31) spricht von „Blödsinnigen" – sowie bewusstlose Schwerstverletzte getötet werden dürfen. Hoche (1920, 57f.) ergänzt die Fallgruppen um geistig beeinträchtigte Menschen – „geistig Tote" –, die durch ihr Dasein der Gesellschaft zur Last fallen würden und deren Leben darum keinen Wert habe.

Unter dem „Euthanasieprogramm" der Nationalsozialisten wurden allein 5000 bis 8000 Kinder ermordet. Kinder mit geistigen oder körperlichen Behinderungen mussten von Hebammen und Ärzten gemeldet werden, wobei sich die Gruppe derer, denen der „Lebenswert" abgesprochen wurde, ständig vergrößerte. Erwachsene Personen mit Behinderungen und andere Menschen, deren Leben angeblich „unwert" war, wurden ab 1939 in geplanten Aktionen ermordet. Allein die Opfer aus staatlichen psychiatrischen Einrichtungen dürften 90 000 überschreiten (Benzenhöfer 1999, 129). Im Rahmen des Nürnberger Ärzteprozesses (1946/47) kam es auch zu Verhandlungen über das NS-Euthanasieprogramm.

Tod und Sterbehilfe

Die Frage, ob ein Sterbender auf eigenen Wunsch und durch ärztliche Hilfe einen leichteren Tod sterben darf, ob es ihm gestattet sein soll, sich mit ärztlicher Unterstützung selbst das Leben zu nehmen, die Grenze zwischen Tötung und Beihilfe zur Selbsttötung und die Frage nach der Erlaubtheit des Suizid sind die großen Themen der ethischen Auseinandersetzung mit dem Tod. Philippe Ariès (2005, 717ff.) charakterisiert den Tod, der in die Späre medizinischen Handelns gerückt ist, als den medikalisierten Tod, als neue Art zu sterben, die oft von ärztlicher Unaufrichtigkeit am Krankenbett gekennzeichnet ist. Der Kranke soll nicht über sein bevorstehendes Ende informiert werden, ein Verhalten, das häufig aus Angst vor Beunruhigung des Betroffenen selbst oder seiner Angehörigen an den Tag gelegt wird, jedoch unweigerlich zu einem „Lügengewebe" führt (Ariès 2005, 718). Den „Beginn der Lüge" setzt Ariès mit der zweiten Hälfte des 19. Jahrhunderts an und verwendet Tolstois Erzählung „Der Tod des Ivan Illich" als Illustration seiner These.

Zeitgenössische Ethiken betonen die Wichtigkeit eines aufrichtigen Umgangs mit den Patienten. Doch die Auseinandersetzung mit dem Tod hat sich zusehends zu einer Debatte über die Bedingungen des Sterbens verlagert. Grund dafür ist der rasante Fortschritt der Medizin, insbesondere der Apparatemedizin seit der zweiten Hälfte des 20. Jahrhunderts. Künstliche Beatmung, Reanimation durch Herzmassage und Defibrillation waren die Neuerungen, die vielen Patienten das Leben zu retten vermochten. Doch verfeinerte technische Anwendungen gehen mit zahlreichen neuen Handlungsmöglichkeiten einher, die nicht immer mit den Wünschen und Vorstellungen der Betroffenen korrelieren. Das Lebensende ist zu einem dichten Feld unzähliger Entscheidungserfordernisse geworden, die ohne Begleitung der angewandten Ethik kaum zu bewältigen sind.

Die Diskussion um die Sterbehilfe, eine seit 30 Jahren im deutschsprachigen Raum auch breitenwirksam geführte Debatte, ist ein Zeichen für die Brisanz dieser Auseinandersetzung um den Tod. Das Verhältnis von Patienten und ihren behandelnden Ärzten, die Frage nach der Reichweite rechtsverbindlicher Regelungen, die Analyse der unterschiedlichen ärztlichen Handlungen, die mit dem Sterben einhergehen, sind bedeutsame Aspekte dieser Diskussion. In den Mittelpunkt gerückt ist die Möglichkeit der Selbstbestimmung des betroffenen Individuums, das in der eigenen Entscheidungskompetenz gestärkt werden soll. *Autonomie* ist einer der Zentralbegriffe medizinischer Ethik geworden. In der medizinischen Ethik wird unter Autonomie jene Fähigkeit eines Menschen verstanden, frei und nach eigenen Wertvorstellungen – mit Rücksicht auf die Freiheit der Anderen – sein Leben zu gestalten, seinen Willen zu bilden und Entscheidungen zu treffen.

Das Recht, eigenständig zu entscheiden, muss von den behandelnden Ärzten respektiert werden. Ärzte sind daher rechtlich und ethisch verpflichtet, ihre Patienten umfassend aufzuklären; sie dürfen keinen Eingriff ohne die Zustimmung der Patienten vornehmen, notfallmedizinische Maßnahmen sind natürlich ausgenommen. Patienten haben das Recht, über ihren Gesundheitszustand wahrheitsgemäß informiert zu werden und alles über Behandlungsmöglichkeiten und -risiken zu erfahren. Auch das Recht auf Nichtwissen – beispielsweise eines Untersuchungsergebnisses – ist Patientenrecht. Das freie und informierte Einverständnis wird in der Fachliteratur als *informed consent* bezeichnet. Den Entscheidungsprozessen sollte in der Praxis ärztlichen Handelns auch genügend Zeit eingeräumt werden. Der amerikanische Medizinethiker John Harris (1995, 293) beschreibt das Autonomieprinzip in seiner allgemeinen Form als Leitgedanken, der das Zusammenleben in pluralistischen Gesellschaften regelt und erleichtert.

Der Umfang und die Art der Hilfe, die ein Sterbender von seinen behandelnden Ärzten erhalten darf, sind ethisch strittig. Das Problemfeld der Sterbehilfe wird zumindest teilweise sehr kontroversiell diskutiert. Grundsätzlich kann zwischen Hilfe *beim* Sterben und Hilfe *zum* Sterben unterschieden werden. Als Hilfe *beim* Sterben wird Schmerzlinderung, menschliche Begleitung, kurz: werden alle Hilfestellungen verstanden, die ein Sterbender benötigt, um ohne allzu große Qual aus dem Leben zu gehen (Kneihs 1998, 36). Die Palliativmedizin (lat. *pallium*: Mantel) ist jener Zweig der Medizin, der sich auf die Behandlung von Patienten mit weit fortgeschrittenen, nicht mehr heilbaren und lebensbedrohlichen Erkrankungen spezialisiert hat und das Ziel verfolgt, die Lebensqualität der Patienten zu erhalten, ohne jedoch kurative Behandlungen einzusetzen. Die Patienten können zwar nicht mehr geheilt werden, aber ihre Schmerzen und Krankheitssymptome werden bestmöglich gelindert.

Dass die ethische Zulässigkeit und moralische Gesolltheit von Beistand und Begleitung des Sterbenden sowie seine palliativmedizinische Betreuung unbestritten sind, darüber herrscht Einigkeit. Heftig umstritten ist hingegen die moralische Zulässigkeit der Hilfe *zum* Sterben, da sie den Bereich gesetzlicher Regelungen berührt und die Protagonisten der Debatte aus sehr unterschiedlichen ethischen Traditionen argumentieren. Der Wunsch kranker und leidender Menschen, schnell und möglichst schmerzlos in den Tod zu gehen, ist nicht erst seit den neuen Möglichkeiten der Lebenserhaltung, beispielsweise durch künstliche Beatmung, ein Thema der Medizin. Schon der krebskranke Sigmund Freud verlangte von seinem Arzt Sterbehilfe.

In der aktuellen Diskussion werden verschiedene Arten der Sterbehilfe unterschieden, die sich zwar selten ganz trennscharf definieren lassen, aber alle die Handlung perspektivieren, durch die ein Mensch sterben kann oder die den Eintritt seines Todes beschleunigen. Als *aktive Sterbehilfe* wird die gezielte, tätige Herbeiführung des Todes eines sterbenden Menschen auf seinen Wunsch beschrieben. Das Verabreichen einer Injektion mit einer tödlichen Dosis eines Morphins ist ein Beispiel dafür. *Passive Sterbehilfe* ist die Herbeiführung bzw. Beschleunigung des Todes durch Behandlungsverzicht: Lehnt ein Patient eine bestimmte Therapie ab, wird eine zuvor schon begonnene Behandlung abgebrochen oder werden nicht alle intensivmedizinischen Maßnahmen ausgeschöpft, spricht man vom *Sterbenlassen*. Die Unterlassung einer Lebensverlängerung, die alle nur möglichen medizinischen Maßnahmen ergreift, um das Weiterleben zu sichern, wird im Allgemeinen nicht als Verletzung ethischer Richtlinien angesehen. Die Grenze zwischen aktiver und passiver Sterbehilfe ist in manchen Fällen nicht exakt bestimmbar, man denke an den Fall des Abschaltens der künstlichen Beatmung, in dem durch eine aktive Handlung (abdrehen) der Tod eines Menschen herbeigeführt wird, andererseits eine bestehende Behandlung abgebrochen wird.

Die *indirekte Sterbehilfe* schließlich bezeichnet die Beschleunigung des Todeseintritts durch Nebenwirkungen einer gezielten Schmerztherapie. Hier wird vor allem die Intention der Handlung relevant: War Schmerzlinderung oder Verbesserung der Lebensqualität eines Patienten das Handlungsziel, wird indirekte Sterbehilfe zumeist als ethisch legitim betrachtet. Besonders in der Palliativmedizin ist die Möglichkeit, schmerzstillende Medikamente in ausreichender Menge zu verabreichen, unerlässlich. Die ethische Bewertung der indirekten Sterbehilfe wird in Bezug mit dem aus der katholischen Theologie stammenden Prinzip der Doppelwirkung hergestellt. Die Lehrmeinung des Thomas von Aquin besagt, dass die Zulässigkeit einer Handlung mit potenziell negativen Folgen davon abhängt, ob diese Folgen als Handlungsziel beabsichtigt waren oder ob sie nur als mögliche Nebenfolge der Handlung in Kauf genommen wurden. Die Handlung wird abhängig von der Gesinnung des Handelnden beurteilt.

Gegen die ethische und rechtliche Erlaubtheit der aktiven Sterbehilfe wurde eine Vielzahl von Argumenten formuliert. Eines der wichtigsten ist sicher das Argument der schiefen Ebene, das auch als *slippery slope* oder *Dammbruchargument* bekannt ist. Die dahinterstehende Idee beschreibt das langsame und unerwünschte Abgleiten auf eine schiefe Bahn, das schließlich die Erosion von wichtigen ethischen Geboten zur Folge hat: Wird aktive Sterbehilfe erst einmal in bestimmten Fällen erlaubt, ist nicht abzusehen, auf welche Patientengruppen sie weiter ausgedehnt werden könnte. Der Ethiker Dieter Birnbacher (1995, 291) gibt zu bedenken, dass nicht die logische Möglichkeit einer Normüberschreitung, sondern ihre Eintrittswahrscheinlichkeit für die Stichhaltigkeit dieser Argumente ausschlaggebend ist. In den Niederlanden, in Luxemburg und Belgien ist die aktive Sterbehilfe in bestimmten Fällen rechtlich erlaubt.

Der empathische Ausruf Rilkes (1997, 22): „Oh Herr, gieb jedem seinen eignen Tod / Das Sterben, das aus jenem Leben geht / darin er Liebe hatte, Sinn und Not" hat sich zugunsten der Forderung des Rechts auf einen selbstbestimmten Tod gewandelt. Rilke hatte bei seinem Sterben ärztliche Interventionen, insbesondere bewusstseinstrübende Medikation verweigert, er bestimmte das *Wie* seines Sterbens. Dem Wunsch nach dem eigenen Tod ist nun die Forderung nach einer rechtsverbindlichen Regelung gefolgt, die Selbstbestimmung bis zum Lebensende, auch jenseits der Fähigkeit zu Entscheidung oder Artikulation, ermöglichen soll. *Patientenverfügungen* (auch *Patientestamente* genannt) geben die Möglichkeit, für einen in der Zukunft liegenden Zeitpunkt Vorausverfügungen zu erstellen, die im Falle der Unmöglichkeit, seinen Willen zu bilden oder zu artikulieren, wirksam werden. Die Verfügung ist eine Willenserklärung, die im Voraus und im einsichts- und urteilsfähigen Zustand formuliert werden muss.

Unterschieden werden *beachtliche* und *verbindliche Verfügungen*. Beachtliche Verfügungen sollen einen Anhaltspunkt für ärztliche Entscheidungen in der Situation sein, in der ein Patient seinen Willen nicht mehr bilden kann. Soll die Patientenverfügung rechtsverbindlich gelten, sind eine ärztliche Beratung und die Absicherung bei einem Notar oder Patientenanwalt sowie eine Erneuerung im Abstand von fünf Jahren verpflichtend. Überdies kann eine Patientenverfügung jederzeit widerrufen werden. Der Weg zu einer rechtlich wirksamen Patientenverfügung dauerte lange, da einige Argumente und Bedenken gegenüber dieser Möglichkeit artikuliert wurden. Grundsätzlich stellt sich die Frage, ob ein Patient schon im Voraus wissen kann, welche Art der Behandlung er in einem lebensbedrohlichen Zustand wünschen oder zurückweisen will. Daher ist die inhaltliche Präzisierung in Patientenverfügungen besonders bedeutsam: Wünscht sich ein Patient bei Verschlechterung seines Zustands eine Intensivtherapie, lehnt er weitere Maßnahmen ab, möchte er reanimiert werden, was soll bei einer schweren und irreversiblen Hirnschädigung geschehen, lehnt er künstliche Beatmung ab? Das sind nur einige der möglichen Inhalte eines Patiententestaments.

Der freie Tod

„Es gibt nur ein wirklich ernstes philosophisches Problem: den Selbstmord" – mit dieser Feststellung beginnt Camus (1961, 9) seine Abhandlung über das Absurde: „Der Mythos von Sisyphos", 1942 erstmals erschienen. Der Suizid wirft eine Reihe philosophischer Fragen auf, wie die nach seiner möglichen Rationalität und seiner ethischen Rechtfertigung (Wittwer 2003). Diese beiden Fragenkomplexe stehen im Mittelpunkt philosophischer Überlegungen über den *mors voluntaria*. Wenn hier vom Freitod die Rede ist, ist auch schon eine terminologische Vorentscheidung gefallen, denn die deutsche Sprache hält für Handlungen, die das eigene Leben absichtlich beenden, eine Vielzahl unterschiedlicher Bezeichnungen bereit: Selbstmord, Suizid, Selbsttötung, Selbstvernichtung, aber eben auch Freitod sind Beispiele dafür. Der Ausdruck *Selbstmord* inkludiert eine moralische unerwünschte Handlung, nämlich Mord, und zielt damit bereits auf eine Unerlaubtheit der Selbsttötungshandlung ab. Die Redewendung vom *freien Tod* kommt von Friedrich Nietzsche (1999, Bd. 4, 94) aus Zarathustras Rede „Vom freien Tode": „Meinen Tod lobe ich euch, den freien Tod, der zu mir kommt, wann ich will."

Die philosophischen Haltungen zum Suizid sind im Lauf ihrer Geschichte höchst unterschiedlich und oft diametral entgegengesetzt. Der Soziologe Émile Durkheim definiert in seiner epochalen Untersuchung „Der Selbstmord" (1897) das volle Bewusstsein über die Folgen der tödlichen Handlung als Charakteristikum des Suizids: „[Das] Opfer weiß im Augenblick des Handelns, welches die Folge seines Verhaltens sein wird, gleichgültig, was ihn dazu gebracht hat, so zu handeln"

(Durkheim 1983, 27). Doch hier soll die philosophische Betrachtung des Suizids im Mittelpunkt stehen.

In der Antike gab es keine verbindliche Position zur Frage der Erlaubtheit des Freitods. Platon (2004, 114) spricht sich im „Phaidon" gegen die Erlaubtheit der Selbsttötung aus, auch in den „Nomoi" finden sich Bestimmungen gegen den freiwilligen Tod und die Forderung nach Bestrafung des Suizidenten durch das Verbot einer üblichen Beerdigung: Kein Grabstein sollte die Begräbnisstätte zieren. Ein Beispiel für die These der Erlaubtheit des Suizids liefert Seneca, der ja nach der Aufforderung Neros durch eigene Hand aus dem Leben schied. In seinem 30. Brief an Lucilius geht er auf das Primat der guten Lebensführung ein. Es kommt darauf an, wie das Leben gelebt wird – weniger auf die Art und Weise, wie man aus dem Leben scheidet. „Du weißt: Das Leben ist nicht wert, immer festgehalten zu werden; denn nicht das reine Leben an sich ist ein Gut, sondern nur das sittlich reine Leben" (Seneca 1924a, 264). Der Tod ist für Seneca etwas, das nach eigener Vorstellung gewählt werden darf und soll, die Billigung des freiwilligen Todes durch Andere hält er nicht für bedeutsam oder gar notwendig. In der Welt der Stoa ist der selbstgewählte Tod eine Bestimmung der Freiheit, die nicht durch das Argument vom moralischen Gebot eines natürlichen Todes beschränkt werden darf. Bewundernd berichtet Seneca (1924a, 269) in seinem 70. Brief an Lucilius von einem Germanen, der sich seinem erzwungenen Tod im Tierkampf entzog, indem er sich mangels anderer Möglichkeiten das Holzstück zur Reinigung des Aborts in die Kehle stieß. Zwar ist dieser Suizid nicht der eleganteste, doch er ist in radikaler Weise ein Ausdruck der Freiheit und der Nutzung des kleinstmöglichen Handlungsspielraums.

Durch die Vormachtstellung des Christentums änderten sich die grundsätzlich widersprüchlichen Auffassungen über die Erlaubtheit der Selbsttötung. Ab diesem Zeitpunkt setzte sich die These vom moralischen Verbot des Suizids durch, da das Leben nicht in der Verfügungsgewalt der Menschen, sondern allein in Gottes Gewalt liegen sollte. Im ersten Buch seiner Schrift „Vom Gottesstaat" bezieht sich Augustinus auf das historische Beispiel der Lucretia, die sich aus Schande über ihre Vergewaltigung das Leben nahm. Für Augustinus gibt es keine Rechtfertigung ihres Suizids, denn für ihn war die Frau entweder schuldlos oder schuldig, und eine mögliche Schuld hätte sie büßen können. Er verurteilt den Suizid, egal ob er aus Gründen der Scham oder aus anderen Gründen verübt wird. In weiterer Folge stellt

Augustinus den Bezug zur Bibel her, in der keine Stelle für eine Erlaubnis der Selbsttötung zu finden ist. Das Gebot „Du sollst nicht töten" bezieht sich in seiner Deutung auf jeden, mithin auch auf die eigene Person. „Denn wer sich selbst tötet, tötet eben auch einen Menschen", so das Argument (1. Buch, XX). Die Bestattungsrituale für Suizidenten spiegelten ebenfalls die Sündhaftigkeit des Suizids, da ihre Beisetzung auf geweihter Erde verboten war.

Eine weitere Zuspitzung erfuhr das Suizidverbot durch die größte Autorität der mittelalterlichen Kirche, nämlich durch Thomas von Aquin, der in seiner „Summa Theologica" (II–III, 57–97) die drei christlichen Hauptargumente gegen die Selbsttötung ausformulierte: Suizid ist eine Sünde wider den Geboten der Selbstliebe und der natürlichen Selbsterhaltung, eine Sünde gegen die Gemeinschaft und drittens gegen Gott und die göttliche Macht über das Leben jedes einzelnen Menschen – somit ist der selbstgewählte Tod in der christlichen Auffassung eine dreifache Todsünde.

Kritisiert wurden das Suizidverbot und im Besonderen die Argumente des Thomas von Aquin durch David Hume in seiner Anhandlung „Über Selbstmord". Gegen die Bestimmung des Suizids als Verbrechen gegen Gott und das Gebot der Selbsterhaltung bringt Hume das Argument der natürlichen Kräfte ein, die dem Menschen als Eigenschaft gegeben sind. Die göttliche Ordnung kann nicht durch eine Handlung gestört werden, die den allgemeinen Gesetzen der Natur nicht widerspricht. Es ist nicht schlüssig, wieso es für das menschliche Leben hier eine Ausnahme geben sollte: „Aber das Leben eines Menschen hat für das Universum die Bedeutung einer Auster" (Hume 1984, 93), und somit kann die göttliche Vorsehung hier nicht ins Treffen geführt werden, ja, es würde sogar einer Gotteslästerung gleichkommen, zu glauben, dass der Verlauf eines einzelnen Lebens der Vorsehung vorgreifen kann. Der Schaden, den ein Mensch durch seine Selbsttötung der Gesellschaft zufügen kann, ist, wenn überhaupt ein Unrecht, so nur ein geringes. Die Grenze der sozialen Verpflichtungen endet, wenn das eigene Elend gegenüber dem geringen gesellschaftlichen Guten überwiegt. Hume gibt überdies zu bedenken, dass sich wohl niemand leichtfertig das Leben nehmen würde, weil die natürliche Angst vor dem Tod eine zu große ist. In einer Randbemerkung wendet er sich gegen die Bestimmung des Augustinus, nach der das biblische Tötungsverbot auch die eigene Person einbezieht. Er gibt zu bedenken, dass in der Bibel das Suizidverbot auch nicht explizit erwähnt ist und das Verbot der Tötung sich ausschließlich auf die Tötung Anderer beziehen muss. Für Hume ist die Selbsttötung demgemäß kein Verbrechen.

Doch der Disput über die Erlaubtheit des Suizids blieb weiter im Gange. Noch Immanuel Kant beurteilt ihn in der „Metaphysik der Sitten" (§ 6, A 42) als einen Verstoß der Pflichten gegen sich selbst: „Die Selbstentleibung ist ein Verbrechen (Mord)."

Ein ausdrückliches Plädoyer für die Zulässigkeit und gegen die gesellschaftliche Ächtung der Selbsttötung verfasste der österreichische Philosoph und Schriftsteller Jean Améry (1912–1978). Améry war während des Zweiten Weltkriegs im Widerstand gegen das nationalsozialistische Regime engagiert und wurde gefasst. Die Folter durch die Nazis und seine Gefangenschaft in den Konzentrationslagern von Auschwitz, Buchenwald und Bergen-Belsen beschrieb Améry in seinem Buch „Jenseits von Schuld und Sühne". Seine Schrift „Hand an sich legen. Diskurs über den Freitod" erschien 1976, zwei Jahre bevor der Autor durch eigene Hand aus dem Leben schied. Er beschreibt die Haltung des Individuums, das sich für den Freitod entscheidet.

Für Améry ist der Freitod ein Ausdruck der Freiheit, genauer: einer freien Handlung, einer Aktivität. Es ist keine Freiheit *von* etwas, sondern eine Freiheit *zu*. Gegen das Argument der Lebenserhaltung und der gesellschaftlichen Konventionen stellt er das Argument der Freiheit, obwohl er zugesteht, dass es jenseits der Selbsttötung keine erfahrbare Freiheit mehr für das Individuum gibt. Doch der Einzelne gehört sich selbst, nicht der Gesellschaft oder Gott, der Freitod ist ein Privileg des Menschen, seine *conditio humana*. Der Freitod ist nicht mehr oder weniger natürlich als der natürliche Tod. Der Freitod ist eine höchst individuelle Sache, „mit der aber letztlich *der Mensch mit sich allein ist, vor der die Sozietät zu schweigen hat*" (Améry 2005b, 284). Das Sich-selbst-Gehören des Einzelnen wird für ihn nicht von sozialen Verpflichtungen berührt.

Der Suizidär, wie Améry denjenigen nennt, der mit dem Gedanken an den Freitod spielt, ist immer in einer einzigartigen biographischen Situation, die er selbst als *échec*, als Scheitern oder Niederlage beurteilt, aber von der Gesellschaft meist divergent beurteilt wird. Gesellschaftlich ist der Freitod Konventionen unterworfen, die ihn als Möglichkeit für den Einzelnen ablehnen. Besonders dem Sprechen vom natürlichen Lebenswillen erteilt Améry eine Absage. Er betont, dass die Definitionen psychischer Gesundheit stets arbiträr sind und mit den jeweiligen gesellschaftlichen Bezugssystemen korrelieren. Der Suizidär wird für krank erklärt, ihm wird dadurch die Freiheit geraubt. Améry schlägt gegen den Freud'schen Todestrieb die Bezeichnung *Todesneigung* vor, die eine Annäherung an das eigene Ende darstellt. Gegen Freuds Todestrieb wendet er ein, dass der Zustand des Anorganischen eben kein Zustand ist, auf den sich ein Organismus beziehen kann. Die Todesneigung ist also keine Neigung in ein Zurück, sondern vielmehr in ein Nichts. Das Gefühl des Ekels vor dem Leben, die Todesneigung, das Scheitern führt letztlich dazu, dass sich der Suizidär zum Freitod entschließt. Dieser Entschluss führt zu einem überwältigenden Freiheitserlebnis, zu einem „Freiheitsrausch" (Améry 2005b, 342). Améry (2005b, 343) fordert Respekt vor dem Entschluss zum Freitod: „So wollen wir gedämpft und in ordentlicher Haltung, gesenkten Kopfes den beklagen, der uns in Freiheit verließ."

Die Frage, ob es einem Menschen ethisch erlaubt oder untersagt sein soll, über sein Leben zu verfügen, behandelte auch der deutsche Philosoph Wilhelm Kamlah (1905–1976) in seiner kurzen Schrift „Meditatio Mortis" (1976). Kamlah dreht das Argument des Augustinus um, demzufolge allein Gott das Leben gibt und nimmt. Die Geburt ist für ihn keine Handlung, sondern ein *Widerfahrnis*, das jemanden völlig ohne eigenes Zutun trifft. Da ein Mensch gewissermaßen ohne sein Einverständnis auf die Welt kommt, kann er auch nicht gezwungen werden, am Leben zu bleiben, wenn er das nicht mehr möchte. Der Tod ist – im Gegensatz zur Geburt – grundsätzlich als eigene Handlung denkbar, denn es besteht die Möglichkeit, sich das Leben zu nehmen. Hinzu kommt, dass die meisten Menschen sich nicht das Leben nehmen wollen – und dass viele Versuche der Selbsttötung entweder von einer psychischen Erkrankung oder aus einem Affekt heraus, wie zum Beispiel aus Liebeskummer, entstehen und nicht im wohlverstandenen Interesse des Einzelnen liegen. Dennoch gibt es Fälle – getreu dem Grundsatz „in dubio pro libertate": im Zweifel also für die Freiheit –, in denen der Suizid erlaubt sein sollte. Kamlah geht von einer moralischen Grundnorm aus, die eine Tötung anderer Menschen verbietet, die Selbsttötung aber nicht prinzipiell für unzulässig erklärt. Möchte ein Mensch aufgrund reiflicher Überlegung aus seinem Leben scheiden, darf er nicht gehindert werden – im Gegensatz zum jungen Menschen mit Liebeskummer, dessen Selbsttötungsversuch entgegenzuwirken moralische Verpflichtung ist.

Wenn der Suizid in manchen Fällen aber erlaubt sein soll, wie steht es um das Problem seiner Durchführung? Dort, wo Améry noch unterschiedliche Todesarten beschrieben hat, wie den Freitod durch Erhängen, Erschießen oder Aufschneiden der Schlagader, plädiert Kamlah für die Möglichkeit, Beihilfe durch die Medizin zu bekommen. Der alte Mensch, der verzweifelt bemüht ist, sich das Leben zu nehmen, sollte ein Recht darauf haben, den selbstgewählten Tod so schmerzlos und leicht als möglich zu empfangen. Kamlah (1976, 23) klagt hier die „gedankenlose Gesellschaft mit ihrer Ärzte- und Juristenmoral" an, die dem Suizidwilligen die nötigen Mittel verweigert, einen friedvollen Tod zu sterben. Zumindest sollte durch ärztlichen Rat geholfen werden dürfen.

Die Frage um die Erlaubtheit der Beihilfe zur Selbsttötung wird heute nach wie vor diskutiert. Im Unterschied zu den verschiedenen Arten der Sterbehilfe ist es jedoch hier der Patient selbst, der sich das Leben nimmt. Die Beihilfe eines Arztes besteht darin, seinem Patienten ein geeignetes Mittel zu verschreiben oder zur Verfügung zu stellen, das jedoch vom Betroffenen selbständig eingenommen werden muss. In den meisten europäischen Ländern ist die Beihilfe zum Suizid unter Strafe gestellt, in der Schweiz und in den Niederlanden ist sie unter bestimmten Voraussetzungen erlaubt. In der Schweiz bleibt die Beihilfe zum Suizid straffrei, wenn sie aus uneigennützigen Motiven erfolgt, und sie gilt nur für urteilsfähige Patienten. Die Schweizer Organisationen „Exit" und „Dignitas" bieten derzeit Beihilfe zum Suizid an, was zu einem „Sterbetourismus" führt. Gerade diese Entwicklung entfachte eine erneute Diskussion um die ethische Zulässigkeit der Beihilfe zum Suizid.

5

Den Tod aufschieben: Altern, Unsterblichkeit

Im Fokus ist das Alter als Thema philosophischer Reflexionen. Die Bewertung und Bedeutung des Alterns eines Menschen und die mögliche Vorbereitung durch das Alter auf den Tod wird ebenfalls behandelt. Der Versuch der Anti-Aging-Medizin, das Altern aufzuschieben, und die Versuche einer Prolongierung des Lebens machen den Wunsch nach einem möglichst langen Leben deutlich. Nicht die Unsterblichkeit der Seele, sondern der Wunsch nach körperlichem Überleben, Weiterleben und schließlich unbegrenztem Leben steht im Mittelpunkt dieses Kapitels. Auch die Vorstellungen körperlicher Unsterblichkeit, wie sie aus der Literatur bekannt sind, stellen einen ewigen Menschheitstraum dar. Alle Menschen sind sterblich. Doch was wäre, wenn wir unsterblich sein könnten? Wie aber kann Unsterblichkeit gedacht werden? Ist sie überhaupt wünschenswert? Was könnte es bedeuten, wenn Menschen nicht sterben müssten, sondern unbegrenzt lange leben könnten? Gegenwärtige technomorphe Unsterblichkeitsvorstellungen können als säkulare Varianten der religiösen Vorstellungen von der Unsterblichkeit der Seele und vom Weiterleben nach dem Tod gelesen werden.

Altern und Tod

Schon Simone de Beauvoir stellte in ihrer Abhandlung „Das Alter" (1970 erstmals erschienen) fest, dass der Mensch wohl nur die Möglichkeit habe, vorzeitig zu sterben oder zu altern. Das Alter zeigt in der Philosophiegeschichte eine gewisse Nähe zum Tod; beide Probleme wurden oft nur stiefmütterlich behandelt. Dennoch fällt der Tod mangels seiner Erfahrbarkeit in eine andere Kategorie als das Alter. Stirbt ein Individuum nicht einen vorzeitigen Tod, sondern erlebt das Alter und die damit einhergehenden körperlichen Prozesse, kann die Frage nach einer möglichen Vorbereitung auf den Tod durch das Alter gestellt werden. Von Cicero stammt die berühmte Schrift „Cato der Ältere über das Alter", in der er das Leben als natürlichen Verlauf und das Alter als letzten Akt des Lebens beschreibt: „[Alle] wünschen, dass sie es erreichen; doch wenn es erreicht ist, klagen sie es an; so unbeständig und abartig ist die Dummheit" (Cicero 2005, 23). Offenbar möchte niemand jung sterben, aber auch niemand altern – das Alter wird sehr häufig als Unglück angesehen.

Cicero versucht in seiner Schrift, die Gründe für eine Auffassung des Alters als Unglück zu widerlegen. Die Hauptgründe, die für das Alter als Übel sprechen, fasst er wie folgt zusammen: Es kann nichts mehr Großes geleistet werden, der Körper verliert seine Kräfte, Sinnesfreuden müssen entbehrt werden und der Tod ist nahe. Cicero entgegnet, dass sich Verstand und Urteilskraft durch ihre Betätigung erhalten lassen, daher kann auch ein Greis Großes leisten. Die Geisteskraft wird ohnehin höher angesehen als körperliches Vermögen, und die fehlenden Sinnenfreuden hält Cicero für eine Erlösung. Ciceros Alterslob sieht auch im Tod keine Gefahr, da junge Menschen den Tod mehr fürchten müssen als alte. Das Sterben lernen und die philosophische Beschäftigung sind für ihn der richtige Weg, sich auf den Tod vorzubereiten, der nicht gefürchtet werden muss. Auch für Montaigne (2005, 153f.) bedeutet das Alter eine schrittweise Annäherung an den Tod, der Altersprozess ist für ihn schlussendlich eine Verlustgeschichte, die auf den letzten Verlust, den Tod, vorzubereiten vermag. In gleicher Weise ist für Schopenhauer das Schwinden der körperlichen Kräfte im hohen Alter ein notwendiges Übel, da der Tod sonst nur schwer zu ertragen wäre. In seinen „Aphorismen zur Lebensweisheit" beschreibt er im sechsten Kapitel („Vom Unterschiede der Lebensalter") den Übergang: „eine Euthanasie" in den Tod, der ohne Krankheit und Leiden erst durch das hohe Alter möglich ist (Schopenhauer 1989, 589). Kennt das Leben in der Jugend eine unendliche Zukunft, wartet im Alter eine kurze Vergangenheit. Für Schopenhauer lässt sich die Kürze des Lebens immer erst im Alter begreifen, dessen einzige Zukunftsperspektive der Tod ist.

Dem Alterslob der Antike – der Befreiung von Trieben und Zwängen, dem Bild des weisen, gelassenen alten Menschen – sollte eine weitere philosophische Bestimmung des Alters hinzukommen. Der italienische Rechtsphilosoph Noberto Bobbio stellt in seiner Abhandlung „Vom Alter" (1996) den Zusammenhang von Alter und Vergangenheit als subjektive Erlebnisform dar: „Die Zeit des alten Menschen, ich wiederhole es noch einmal, ist die Vergangenheit" (Bobbio 2004, 73). Der alte Mensch ist voller Erinnerungen, die seine Gegenwart bereichern und ihm eine Auseinandersetzung mit der eigenen Biographie erlauben, die Zukunft aber gehört ihm nicht mehr. Die Vergangenheit als prägendes Momentum des Alters, als Zeit, die das Wesen des alten Menschen geformt und bestimmt hat, klingt auch in Montaignes (2005, 488–491) Essay „Über das Alter" an. Der schrittweise Abbau führt zur Distanzierung von der lebensweltlichen Gegenwart, das Reaktionsvermögen nimmt ab, alle Kräfte schwinden dahin. Daher kommt Montaigne (2005, 490) auch zum Schluss, dass die großen Taten eines Menschen wohl wahrscheinlich vor dem 30. Lebensjahr vollbracht werden müssen. Doch in den meisten Fällen kommt es gar nicht erst zum Erleben des Greisenalters, der Alterstod ist für Montaigne die unwahrscheinlichste Todesart.

Eine Präzisierung hat die Charakterisierung der Zeiterfahrung eines alten Menschen durch Jean Améry erfahren. In „Über das Altern" (1968) beschreibt er, wie Gegenwart und Zukunft für den alternden Menschen ihren Zeitcharakter verlieren und alles durch die Vergangenheit aufgesogen wird. Das Verschwinden der Zukunft und die Auflösung der Gegenwart führen bei Améry aber zu dem Schluss, dass der alte Mensch nur noch Zeit *ist*, eine Bestimmung, die zunächst contraintuitiv erscheint, hat der alte Mensch doch nur noch wenig Zeit vor sich. Einer Einteilung durch den Zeitverlauf – im Anfang des Lebens steht alles, am Ende nichts bevor – stellt Améry eine andere Bestimmung entgegen: Denn der junge Mensch hat Raum und Welt vor sich, die ihm offen stehen, der alte Mensch hat sein Erlebtes in der Welt nur noch als Erinnertes, als „aufgesammelte Zeit", „geschichtete Zeit", die in ihm verbleibt (Améry 2005a, 34). Leben ist für ihn ein Heraustreten in die Welt, ein Einnehmen von Raum und Erwartung. Wenn aber der Tod das einzige Verbleibende ist, neben dem alle anderen Erwartungen verblassen, ist der Sinn alles Zukünftigen getilgt. „Denn der Tod, den wir erwarten, ist kein Etwas. Er ist die Verneinung jeglicher Etwaigkeit", umreißt Améry (2005a, 37) den Grund, warum der erwartbare Tod den Lebenssinn zu nehmen vermag. Sobald sich der alte Mensch gewahr wird, dass er bald die Welt, den Raum, verlassen muss – und die Irreversibilität der Zeit erkennt –, umso nachdrücklicher stellen sich Wünsche nach *Zeitumkehr* ein. Das Bereuen bestimmter Handlungen oder Versäumnisse und die gleichzeitige Einsicht, dass bestimmte Möglichkeiten für immer vorbei sind, verknüpft Améry mit der Todesangst, die auch mit der Einsicht einhergeht, dass selbst die aufgesammelte Zeit durch den Tod vernichtet wird.

Anti-Aging und der Mythos der ewigen Jugend

Immer wieder wird von Personen berichtet, die ein sehr hohes Alter erreichen: In der Bibel wird das Alter des Methusalem mit 969 Jahren angegeben, im „Guinness Buch der Rekorde" ist „Ältester Mensch" eine eigene Kategorie. Derzeit gilt die Französin Jeanne Calment als ältester Mensch, der jemals lebte: Sie wurde 122 Jahre alt, ihr Alter ist, soweit bekannt, die maximale Lebensspanne eines Menschen. Die Kehrseiten des Alterns wurden oft dargestellt: Schon Aristoteles (2005, 112) beschrieb in seiner „Rhetorik" das Altern als Verlustprozess körperlicher und geistiger Fähigkeiten und zeichnet das Bild von schwachen, misstrauischen und hoffnungslosen Greisen, denen selbst ein Leben nach dem Ideal der Tugendhaftigkeit nicht mehr möglich ist. In der existenzialistisch beeinflussten Deutung Jean Amérys, der wahrscheinlich die schonungsloseste Beschreibung der Unwägbarkeit und Beschwernisse des Alterns vorlegte, ist das Altern ein Entfremdungsprozess von sich selbst, durch den Blick des Anderen und von der Welt. Für den Alternden bedeutet das Altern ein Heraustreten aus seinem üblichen körperlichen Befinden. Der Körper, der zuvor immer Selbstverständlichkeit gewesen war, wird für den Alternden eine Hülle, seine Grundbefindlichkeit charakterisiert Améry (2005a, 62) als „Mühsal und Drangsal". Zunächst rebelliert das Ich gegen diese seltsame Dissoziation von einem Körper, der ihm immer unzugehöriger erscheint, bis sich schließlich die Aufmerksamkeit sehr intensiv dem Körper und seinen Geschehnissen widmet. „Ich bin Ich im Altern *durch* meinen Körper und *gegen* ihn", so lautet Amérys (2005a, 66) Grundbestimmung der Körperlichkeit während des Alterungsprozesses.

Doch überhaupt alt werden zu können ist in großem Ausmaß von gesellschaftlichen Rahmenbedingungen abhängig. Solange das Leben eines Individuums durch Krieg, Nahrungsmangel und das Fehlen einer Gesundheitsversorgung bedroht ist, ist die Wahrscheinlichkeit groß, dass es kein hohes Alter erreichen kann. Das hohe Alter, das einzelne Menschen und zunehmend ganze Bevölkerungsgruppen erreichen, ist auch Forschungsgegenstand von Gerontologie und Geriatrie. Es gilt, den physischen und psychischen Begleiterscheinungen des Alterns vorzubeugen – oder sie zumindest abzufedern. Der geriatrische Patient ist durch seine Multimorbidität bestimmt, also von einer Vielzahl unterschiedlicher Erkrankungen und Leiden, wobei das Altern je nach Individuum unterschiedliche Verläufe annimmt. Der Geriater Franz Böhmer (2004, 96) spricht von einer nötigen Behandlungshierarchie, die sich an einer schwerpunktmäßigen Versorgung von einzelnen, den Patienten einschränkenden Leiden orientiert. Das Ziel der Geriatrie ist sowohl die Linderung von Krankheiten durch kurative Medizin als auch deren Prävention, um ein gesünderes Altwerden zu ermöglichen, in dem die Lebensqualität für die einzelne betroffene Person so lange als möglich erhalten werden kann.

Das gesunde Älterwerden lässt sich an der *Kompression der Morbidität* ablesen: am Zusammendrängen der Erkrankungen in der letzten Lebensphase. Das bedeutet aber gleichzeitig auch, dass es nicht möglich ist, diesen Erkrankungen und Prozessen vollends ein Ende zu bereiten, sondern nur, sie auf ein *Später* hinauszuschieben. Eine Hoffnung besteht freilich darin, die körperlichen Symptomatiken des Alterns möglichst lange hinauszuzögern, um die Phase des altersspezifischen Krankseins vorzugsweise kurz zu halten oder gar zu vermeiden. Durch Gesundheitsprävention und Aufklärung soll bereits bei noch jungen Menschen eine Lebensstilveränderung erreicht werden, damit das Risiko für spezifische Alterserkrankungen wie Diabetes, Bluthochdruck, Übergewicht und Osteoporose sinkt.

Die Medizin kennt unterschiedliche Theorien, welche die Ursachen des körperlichen Alterns zu erklären versuchen. Grob kann zwischen *stochastischen* und *deterministischen Theorien* unterschieden werden. Stochastische Theorien basieren auf der Annahme, dass Altern ein Resultat der Häufung negativer Ereignisse ist, etwa die kontinuierliche Schädigung und Verletzung des Organismus. Deterministische Theorien haben gemeinsam, dass sie das Altern als einen dem Organismus vorbestimmten, in ihm angelegten Prozess beschreiben. Eine einheitliche medizinisch-biologische Alterstheorie existiert zum gegenwärtigen Zeitpunkt nicht (Klentze 2001, 21).

Ziel der Anti-Aging-Medizin ist es, die Lebenserwartung zu verlängern und dabei gleichzeitig die Alterungsprozesse durch unterschiedliche pharmazeutische, chirurgische und diätetische Maßnahmen aufzuhalten. Hormontherapie oder Dinner-Cancelling (Huber 2004, 249), aber auch Haarverpflanzung und andere Eingriffe der plastischen Chirurgie sind Beispiele dafür. Kritisch zur Anti-Aging-Medizin äußert sich der amerikanische Molekularbiologe und Anatom Leonard Hayflick (2004, 576), der den Ausdruck *Anti-Aging* als Oxymoron bezeichnet. Hayflick ist als Entdecker des nach ihm benannten *Hayflick-Limits* bekannt geworden, das die begrenzte Fähigkeit einer Körperzelle zur Replikation beschreibt. Keine Intervention kann seiner Ansicht nach den Alterungsprozess tatsächlich aufhalten. Die Missverständnisse entspringen nach seinem Dafürhalten aus der unzureichenden Unterscheidung der drei Komponenten, die neben dem Tod die Begrenztheit des Lebens bestimmen: das Altern, altersspezifische Erkrankungen und die Faktoren für Langlebigkeit.

Die unterschiedlichen Forschungsrichtungen und Anwendungen, die derzeit unter dem Sammelbegriff Anti-Aging-Medizin firmieren, müssen in biogerontologische Forschung, die Alterungsprozesse untersucht, und in Geriatrie, die den alternden Patienten behandelt, unterschieden werden. Hayflick verurteilt jene Vertreter der Anti-Aging-Industrie, die medizinische Produkte mit dem Versprechen verkaufen, dass sie den Alterungsprozess stoppen, verlangsamen oder gar umkehren könnten. Zudem ist zu bedenken, dass derzeit keine Biomarker bekannt sind, die eine objektive Messung des Alterungsprozesses und damit eine Bestimmung seiner Verlangsamung ermöglichen. Hayflick (2004, 577) bemerkt pointiert, dass das Szenario wohl ein gesundes, unbeschwertes Leben bis zum 90. Lebensjahr und dann den prompten Todeseintritt zu Mitternacht vorsieht. Doch jenseits der Realisierungsmöglichkeiten stellt sich auch das Problem der Verteilungsgerechtigkeit und der Ressourcen für Maßnahmen, die geeignet sind, die Lebensspanne eines Menschen zu verlängern. Die gestiegene Lebenserwartung der westlichen Länder ist bereits jetzt mit einer Reihe versorgungsökonomischer Probleme behaftet; Frank Schirrmacher (2004) widmete neulich in diesem Zusammenhang ein ganzes Buch dem Schreckensszenario „Methusalem-Komplott".

Dennoch scheint sich der Wunsch nach einem langen Leben in körperlicher und geistiger Gesundheit wie ein roter Faden durch die Menschheitsgeschichte zu ziehen. Bereits das „Gilgamesch-Epos" legt Zeugnis ab vom Wunsch, das Alter aufzuschieben oder gar zu suspendieren. König Gilgamesch, erschüttert von der Einsicht, dass Unsterblichkeit und ewige Jugend nur die Götter genießen dürfen, macht sich auf die Suche nach dem Kraut, das ewige Jugend und ewiges Leben verheißt, das ihm jedoch am Ende von einer Schlange gestohlen wird.

Die Verjüngung des Protagonisten in Goethes „Faust" in der Hexen-
küche und schließlich Oscar Wildes „Bildnis des Dorian Gray" legen
literarische Zeugnisse für den Wunsch nach ewiger Jugend ab.

Unsterblichkeit als Dystopie

Was wäre, wenn nicht nur ein Aufschub des Alterns, sondern eine
völlig unbegrenzte Lebensspanne möglich wäre? Der Gedanke an die
Unsterblichkeit beschäftigt und inspiriert seit Langem Philosophie, Literatur und natürlich Theologie. Was kann man über die Unsterblichkeit
denken? Ist sie in jedem Fall besser als ein Leben, das durch den Tod
begrenzt ist? Die Beantwortung dieser Frage scheint in starkem Ausmaß davon abzuhängen, wie die Vorstellungen von Unsterblichkeit
im Detail aussehen. Unter welchen Umständen kann Unsterblichkeit
tatsächlich als wünschenswert erscheinen? Wie kann ein unsterbliches
Leben überhaupt gedacht werden? Begrifflich muss hier zwischen zwei
Vorstellungen von Unsterblichkeit unterschieden werden. Einerseits
gab und gibt es das Konzept der unsterblichen Seele, die nicht nur
Gegenstand der Philosophie, sondern auch Gegenstand der Religionen
ist. Andererseits gibt es die Vorstellung der körperlichen Unsterblichkeit. Sie beinhaltet den Gedanken, dass ein Individuum im eigenen
Körper existieren kann, ohne jemals sterben zu müssen.

Philosophie wie auch Literatur und Film verweisen auf das Problem
der Unsterblichkeit. Nur auf den ersten Blick mag Unsterblichkeit
wünschenswert erscheinen. In der Literatur haben Beispiele körperlicher Unsterblichkeit oftmals den Charakter von Dystopien: Körperliche Unsterblichkeit wird als Strafe oder Makel vorgestellt. Eine Reihe
beispielhafter Existenzen verdeutlicht diesen Ansatz. Prometheus war
dazu verurteilt, unsterblich zu sein und seine Strafe jeden Tag mitzu-
erleben: Er wurde an den Kaukasus gekettet, und jeden Tag kam der
Adler Ethon, um von seiner Leber zu fressen, bis Herakles ihn eines
Tages doch mitleidig erlöste. Auch in der Legende des Sisyphos ist die
ewige Wiederholung einer schrecklichen Strafe thematisiert: Er muss
in der Unterwelt einen Felsblock einen Hang hinaufschleppen, der kurz
vor Ende immer wieder hinunterrollt, und diese Tätigkeit für immer
wiederholen. Der „fliegende Holländer" hatte gegen Gott geflucht
und muss daher bis zum Tag des Jüngsten Gerichts die Weltmeere
umsegeln, die Unsterblichkeit wurde ihm zu einem Verhängnis. Die

biblische Figur Ahasverus, der nach christlicher Legende dem kreuztragenden Jesus eine Ruhepause auf seiner Schwelle verwehrte, wurde zur Unsterblichkeit, zum ewigen Wandern auf der Erde verurteilt.

Die Vorstellung körperlicher Unsterblichkeit, das ewige Leben auf Erden, wurde nicht selten als Strafe vorgestellt. Die Last der Unsterblichkeit, so die literarische Fiktion, besteht nicht zuletzt darin, dass jedes Leben, egal wie glücklich es zunächst verläuft, irgendwann bemitleidenswert wird.

Unsterblichkeit als ewiges Altern

Wird Unsterblichkeit als ewige Verlängerung eines normalen biologischen Lebens gedacht, die das Altern und die damit verbundenen Veränderungsprozesse beinhaltet, so zeigt sich ein düsteres Bild von Unsterblichkeit. Ein besonders niederschlagendes Beispiel dafür liefert Jonathan Swift (2008, 312–323) in seinem Werk „Gullivers Reisen", das 1726 erstmals veröffentlicht wurde. Gullivers Reise führt auf die Insel Luggnagg, auf der neben den normalen Bewohnern auch die Unsterblichen, die Struldbrugs leben. Gulliver imaginiert sich zunächst ein herrliches Leben, das er als Unsterblicher führen würde: Er könnte sich Reichtümer und Weisheit erwerben, er würde durch seine Erfahrungen der Gesellschaft von großem Nutzen sein und als Ratgeber auftreten, ja überhaupt das Vergnügen haben, den Lauf der Geschichte, große historische Ereignisse und Umschwünge zu beobachten, bedeutende wissenschaftliche Entdeckungen machen, ein köstliches, unbegrenztes Leben führen … Doch bald wird seine Begeisterung gestoppt, denn er erkennt, dass das Dasein der Struldbrugs so beneidenswert nicht ist: Obwohl sie unsterblich sind, altert ihr Körper doch beständig. Nach ihrem 30. Lebensjahr werden sie melancholisch und mürrisch, sie beneiden die Sterblichen um die Ruhe, die jene im Grab erwartet. Ihre körperlichen Kräfte nehmen ab, ihr Gedächtnis leidet, sie werden vergesslich und haben mit all den Widrigkeiten des Alters zu kämpfen. In ihrem 80. Lebensjahr werden sie für tot erklärt und dürfen am öffentlichen Leben nicht mehr teilnehmen.

Swift schildert einen sehr kruden, rauen Umgang mit den alternden Unsterblichen, die ihr Gedächtnis und ihre Sprache allmählich verlieren. In ihrem Kern ist die Beschreibung eine äußerst treffende Darstellung des Umgangs mit alten Menschen überhaupt. Swift beschreibt, wie die Alten die Sprache der Jungen nicht mehr verstehen – eine Analyse der Entfremdung, die sich rund 250 Jahre später auch in Jean Amérys Werk „Über das Altern" findet.

Für Améry (2005a, 139) ist das kulturelle Altern, die Entfremdung der Welt, eine Ankündigung des Todes, da er den Niedergang kultureller Zeichensysteme und ihre Ablösung durch neue kulturelle Erscheinungen als Todessymbol begreift. Die Struldbrugs leben am Rande der Gesellschaft, sie können sich weder untereinander noch mit den Sterblichen verständigen, verstehen im wahren Wortsinn die Welt nicht mehr, und werden somit zu Fremden im eigenen Land, verachtet und gehasst. Diese Form der Unsterblichkeit ist schreckenerregend, der Wunsch nach ihr wird zum Alptraum. Diese Erlebnisse führen Gulliver dazu, seine Vorstellungen über Unsterblichkeit grundlegend zu revidieren, hatte er doch den Fehler gemacht, immerwährende Jugend seinen Vorstellungen von Unsterblichkeit beizulegen. Die spontane Begeisterung weicht sehr schnell der Einsicht, dass ewiges Altern und körperlicher Verfall und ein Dasein am Rande der Gemeinschaft nicht wünschenswert sein können.

Hans Jonas verweist in diesem Zusammenhang auf die Kapazitätsgrenzen des menschlichen Gedächtnisses. Ein endloses Fortexistieren wäre nach seiner Auffassung nur entweder um den Preis der Identitätslosigkeit oder um den Preis der Gegenwartslosigkeit zu erreichen. Im ersten Fall wird die Vergangenheit vergessen und damit das Wissen um die eigene Person, die eigene Identität aufgegeben, da in der Gegenwart die Vergangenheit mitbegriffen werden muss, um das personale Selbst aufrechtzuerhalten. Im zweiten Fall, wie bei den Struldbrugs, wird die Vergangenheit zwar nicht vergessen, aber dafür verbleibt nicht genügend Kapazität, sich der Gegenwart anzunähern, die Struldbrugs leben in der Vergangenheit, verbleiben als „wandelnde Anachronismen" in ihr (Jonas 1992, 99). Somit ist die Sterblichkeit nicht nur Last, sondern auch ein Segen. Für Hans Jonas ergibt sich daraus eine Ablehnung von Unsterblichkeitsbestrebungen im Diesseits, aber gleichzeitig auch das ethische Gebot, Krieg, Not und Hunger zu bekämpfen, um dem Einzelnen die Nutzung seiner Lebensspanne zu ermöglichen und einen vorzeitigen Tod zu ersparen.

Ein anderes, nicht weniger tragisches Beispiel dieser Unsterblichkeitsvorstellung findet sich in der antiken Sage von Eos, der Morgenröte, und Tithonos, ihrem sterblichen Geliebten, wie sie in Homers (1990, 508f.) „Hymne an Aphrodite" festgehalten ist. Eos hatte Unsterblichkeit für ihren Geliebten erbeten und auch erlangt, doch sie hatte unglücklicherweise die Bitte nach ewiger Jugend vergessen – und daher ewiges Greisentum für Tithonos erwirkt. So musste sie das beständige Altern ihres Geliebten beobachten, der immer kleiner wurde, bis er auf die Größe einer Zikade zusammengeschrumpft war. Unsterblichkeit sollte also besser nicht als ewiges Altern gedacht werden. Doch kann Unsterblichkeit überhaupt etwas Gutes sein? Gibt es irgendeine Vorstellung von körperlicher Unsterblichkeit als etwas Wünschenswertem, Erstrebenswertem? Wie müsste ein Leben beschaffen sein, das auch *für immer* gut genannt werden könnte?

Unsterblichkeit als Langeweile und Apathie

Auf diese Frage gab der englische Philosoph Bernard Williams (1929 bis 2003) eine eindeutige Antwort: Es ist keine Art des Lebens denkbar, dessen Prolongierung in die Unendlichkeit wünschenswert ist. Unsterblichkeit wäre in jedem Fall ein schrecklicher Zustand. Hier drängt sich die Frage nach möglichen Schlussfolgerungen auf. Wenn die Unsterblichkeit fürchterlich scheint, ist der Tod dann möglicherweise ein Gut? Für Williams ist es durchaus denkbar, die Unsterblichkeit unerträglich zu finden und gleichzeitig den Tod als Übel zu betrachten. Aus der Feststellung, dass der Tod ein Übel sein kann, folgt noch nicht die Einsicht, dass ein unendliches Leben erträglich wäre (Williams 1978, 133).

Warum das so ist, erklärt er in seinem Essay „Die Sache Makropulos: Reflexionen über die Langeweile der Unsterblichkeit". Williams (1978, 133) liefert eine Reihe von Argumenten, die darauf abzielen, dass es gut ist, sterblich zu sein. Er will nicht zeigen – wie etwa die Existenzialisten –, dass die Angst vor dem Tod dem Leben einen Sinn geben kann. Williams stellt sich nicht gegen die Furcht vor dem Tod, sondern verdeutlicht, dass es sinnvoll sein kann, den Tod zu fürchten, und dennoch vernünftig, die Unsterblichkeit abzulehnen. Der Titel seines Essays verweist auf eine Komödie des tschechischen Schriftstellers Karel Čapek, der in seinem Stück das Leben der Elina Makropulos alias Emilia Marty erzählt, einer Frau, die durch ein magisches Elixier schon über 300 Jahre am Leben ist. Sie hat nicht das Problem, zum ewigen Altern verurteilt zu sein, doch ihr Leben ist eintönig geworden, kalt, trivial, langweilig. Sie ist gegenüber ihrer Umwelt und ihrer eigenen

Existenz gleichgültig geworden. Körperlich ist sie zwar jung und wunderschön, doch ihre Psyche ist gealtert. Čapeks (1976, 282) Protagonistin ist fremd geworden in ihrer Welt: „Der Mensch kann nicht dreihundert Jahre lang lieben. Auch nicht hoffen, auch nicht schaffen, auch nicht dreihundert Jahre lang schauen. Das hält er nicht aus. Alles verdrießt ihn. Alles wird ihm zum Überdruss."

In Williams Interpretation hat Elina alles, was sie als Person – als der bestimmte Charakter, der sie ist – erleben kann, bereits erlebt. Er stellt in Frage, ob der Zustand der Langeweile und der Starrheit notwendig aus ihrem speziellen Dasein herrührt. Er geht von der Feststellung aus, dass Menschen Wünsche haben. Wünscht man sich etwas, so gibt es auch einen Grund, sich dem zu widersetzen, was die Erfüllung dieses Wunsches verhindern kann. Da der Tod unbestreitbar die Erfüllung von Wünschen verhindert, wünscht man den Tod nicht. Also kann der Tod nicht prinzipiell als ein Übel verstanden werden, sondern nur in dem Ausmaß, wie er die Verwirklichung von bestimmten Wünschen verhindert. Wie sieht es aber mit Elina Makropulos aus? Kann sie noch Wünsche haben, deren Erfüllung durch den Tod verhindert werden kann?

Williams (1978, 140f.) trifft hier eine bedeutende Unterscheidung von *kategorischen* und *instrumentellen Wünschen*. Instrumentelle Wünsche beziehen sich auf die pure Erhaltung des Lebens, während kategorische Wünsche den Lebenserhalt voraussetzen. Kategorische Wünsche sind jene, die über den bloßen Wunsch nach Lebenserhalt hinausgehen, die geeignet sind, dem Leben Sinn zu verleihen. Die Beschäftigung mit geistigen Inhalten, der Wunsch eines Vaters, seine Kinder aufwachsen zu sehen, der Wunsch, ein Musikinstrument zu erlernen oder Reisen zu unternehmen – das alles sind Beispiele für kategorische Wünsche. Sie setzen ein Weiterleben voraus. Solange kategorische Wünsche bestehen, ist der Tod ein Übel, da er die mögliche Erfüllung dieser Wünsche verhindert. Wenn allerdings nur noch instrumentelle Wünsche vorhanden sind, kann der Tod nicht mehr als Übel betrachtet werden. Ein Leben ohne kategorische Wünsche, die dieses Leben erfüllen könnte, wäre bloß ein inhaltsleeres Mantra. Der Tod ist also nicht prinzipiell schlecht, sondern nur dann für ein individuelles Leben schlecht, wenn es bestimmte Gründe für jenes Individuum gibt, den Tod als Verhinderung kategorischer Wünsche zu fürchten. Auch kann der Tod nur insofern als eine Erlösung von Leiden gesehen werden, wenn neben dem Leid keine kategorischen Wünsche mehr vorhanden sind, die ein Leben lebenswert erscheinen lassen. Denn kategorische Wünsche lassen das Leben wertvoll erscheinen, selbst wenn es mit Unannehmlichkeiten und Leiden verbunden ist. So wird der Wunsch, die Geburt der Enkelin zu erleben, einen Menschen dazu bringen, das Leid seiner Krankheit in Kauf zu nehmen.

Doch könnte es in einem unendlich prolongierten Leben, wie in dem der Eline Makropulos, etwas geben, was einem kategorischen Wunsch noch gleichkommt? Williams (1978, 146) verneint diese Frage. Es gibt kein Leben, das wert ist, für immer gelebt und genossen zu werden. Egal, wie ein menschlicher Charakter beschaffen sein mag, es kann kein Modell eines unendlichen Lebens gedacht werden, das Befriedigung verspricht. Alle Tätigkeiten und Inhalte, so genießenswert sie für den Moment erscheinen mögen, würden, in die Unendlichkeit gedehnt, zwangsläufig zu Langeweile führen. Williams Aufsatz mit der These der Langeweile wurde von verschiedenen Philosophen kritisiert. In Auseinandersetzung mit der These Williams' bemerkt Thomas Nagel (1992, 386), dass die meisten Menschen es wohl vorziehen würden, eher länger als kürzer zu leben. Die Sterblichkeit ist ein Übel – und es ist für ihn nicht abzusehen, ob ein unsterbliches Leben zwangsläufig langweilig wäre.

Auch Jay F. Rosenberg (1998, 315ff.) behandelt die Frage nach Unsterblichkeit in Anlehnung an literarische Fiktionen. Für ihn ist das Leben selbst, also der bloße Umstand, am Leben zu sein, wertneutral. Es ist erst die Voraussetzung, um Glück oder Unglück zu erfahren, Voraussetzung für Inhalte, die das Leben einer Person wertvoll machen können. Demzufolge ist es auch nicht zwingend, dass ein in die Länge gedehntes Leben automatisch langweilig und armselig werden muss. Auch Rosenberg stellt die These von der Langeweile der Unsterblichkeit in Frage, da es für ihn immer eine Vielzahl von Aktivitäten gibt, die ein Leben bereichern können.

Einen anderen Ansatz verfolgt Jeff McMahan (2002, 101ff.): Für ihn ist die Alternative, vor die Williams seine Leser stellt, nicht gegeben. Entweder Sterblichkeit oder ewige Fortexistenz – das ist nicht der entscheidende Punkt. Wenn wir bedauern, dass ein Mensch sterben musste, wünschen wir ihm auch nicht Unsterblichkeit, sondern vielmehr, dass sein Leben nur etwas länger gedauert hätte. Die Alternative liegt demnach einfach in einem längeren Leben. Das Unglück, das einer Person widerfährt, wenn sie stirbt, bemisst sich aus dem Vergleich ihres realen Todeszeitpunkts und eines alternativen Zeitpunkts in der Zukunft. Wenn wir das Übel des Todes verstehen wollen, ist das Nachdenken über die Wünschbarkeit von Unsterblichkeit letztlich irrelevant.

Welche anderen Argumente können noch gegen die Unsterblichkeit angeführt werden? In Simone de Beauvoirs Roman „Alle Menschen sind sterblich", der 1946 erstmals erschien, lässt sich am Beispiel des unsterblichen Protagonisten Fosca eine Reihe von handfesten Einwänden gegen den Wunsch nach Unsterblichkeit aufzeigen. Fosca kann nicht getötet werden, auch nicht sich selbst töten – er kann nämlich gar nicht sterben. Zum Zeitpunkt der Handlung, die im Frankreich der 30er Jahre angesetzt ist, ist er über 600 Jahre alt. Seine Unsterblichkeit hat er der Einnahme eines Elixiers zu verdanken, das er von einem alten Bettler bekommen hat. Dieser war klüger gewesen als er und hatte zwar den Tod, doch mehr noch die Unsterblichkeit gefürchtet. Sein Leben, wenn der Zustand Foscas überhaupt als solches zu bezeichnen ist, hat ihn durch die Geschichte Europas, durch Kriegswirren und Politik, Entdeckungsreisen und Revolutionen geführt.

Doch so gut Fosca die Welt kennt, so bleibt er doch immer fremd in ihr. Foscas Fremdheit in der Welt hat mehrere Gründe. Zum einen bedeutet Zeit für ihn etwas völlig anderes als für die sterblichen Menschen. Zeit ist für ihn nicht kostbar, sie hat für ihn jede Bedeutung verloren. Gerade weil er eine schier unendliche Geschichte hat, hat er keine bedeutsame Geschichte, gerade weil er eine unendliche Zukunft vor sich hat, hat er keine Zukunft. Er ist nicht heimisch in der Welt, die sich stets verändert – und doch nur wieder das Gleiche bringt. Alle seine Opfer, Mühen und Unternehmungen bleiben umsonst und unbedankt, weil sie angesichts der Unendlichkeit seines Lebens ihren Wert verlieren. Seine Tragik liegt jedoch auch in der Beziehungslosigkeit, die ein unsterbliches Leben mit sich bringt. Er ist völlig allein auf der Welt, selbst unter Freunden oder in Gesellschaft einer Geliebten. Im Wissen, dass alle um ihn herum sterben werden, er selbst jedoch am Leben bleiben muss, verlieren die Beziehungen zu seiner Umgebung an Bedeutung. Er kann die Menschen nicht ohne den Gedanken an ihre Sterblichkeit, ihre Vergänglichkeit betrachten. Somit denkt er ihren Tod und seinen dadurch bedingten Verlust schon immer mit, er ist dadurch entfremdet von der Welt. Wissen Menschen, die ihm nahestehen, von seiner Unsterblichkeit, so werden sie auf ihre eigene Sterblichkeit zurückgeworfen. Die Kränkung, nur eine Fußnote im Leben Foscas zu sein, dessen Erinnerungen über die Jahrhunderte zwangsläufig verblassen, verhindert glückliche Liebesbeziehungen.

Foscas Unsterblichkeit erweist sich für ihn als Fluch, er fühlt sich nicht lebendig unter den Menschen und ist indifferent gegenüber der Welt geworden. Ob er irgendetwas tut oder 60 Jahre in einem Wald schläft oder 30 Jahre in einer Anstalt zubringt, macht für ihn keinen Unterschied mehr. Das unsterbliche Leben ist kein wirkliches Leben, sondern macht ihn zu einem Toten inmitten der sterblichen Lebenden. Da es keinen Ausweg für ihn aus dieser Misere gibt, ist er zum einsamsten Menschen geworden, der eine entvölkerte Welt herbeiimaginiert, in der er noch immer als einziger Mensch leben muss. Einzig die kleine Maus, an der das Elixier probiert wurde, würde als „Psychomompos", als Seelenbegleiter, bei ihm bleiben.

Schon bei Nietzsche (1999, Bd. 12, 213) findet sich der Gedanke an den Schrecken der Ewigkeit: „Die Dauer, mit einem ‚Umsonst', ohne Ziel und Zweck ist der lähmendste Gedanke […] das Dasein, so wie es ist, ohne Sinn und Ziel, aber unvermeidlich wiederkehrend, ohne ein Finale ins Nichts: ‚die ewige Wiederkehr'." Auch bei Fosca findet sich das Motiv der Langeweile, wie es Bernard Williams in seiner Analyse von Čapeks Stück beschrieben hat. Während Elina Makropulos schlichtweg keine kategorischen Wünsche hat, weil sie alles schon erlebt hat, hat Fosca keine Wünsche, weil sämtliche möglichen Aktivitäten sein Leben angesichts der Unendlichkeit nicht bereichern können. Er kann sein Leben nicht beenden und ist gezwungen, im völligen Bewusstsein darüber weiterzuleben.

Das Drama der Unsterblichkeit, das in der Sinnlosigkeit jeder Aktivität angesichts einer unendlichen Zeit besteht, hat auch Jorge Luis Borges in seiner phantastischen Erzählung „Der Unsterbliche" (1949) behandelt und auf den Punkt gebracht: Erst die Zerbrechlichkeit eines endlichen Lebens macht es wertvoll, nur die Möglichkeit, dass jede Handlung die letzte sein könnte, macht sie einmalig. „Alles hat bei den Sterblichen den Wert des Unwiederbringlichen und des Gefährdeten. Bei den Unsterblichen dagegen ist jede Handlung (und jeder Gedanke) das Echo von anderen, die ihr in der Vergangenheit ohne sichtlichen Beginn vorangingen, oder zuverlässige Verheißung anderer, die sie in der Zukunft bis zum Taumel wiederholen werden" (Borges 1992, 24). Die Troglodyten, die Unsterblichen in Borges' Erzählung, dämmern vor sich hin – ohne jedes Interesse an sich selbst oder ihrer Umwelt, sie sprechen nicht mehr und verharren in einem Zustand völliger Apathie. Die Fiktionen von Unsterblichkeit sind in der Literatur mit ihrer Problematisierung behaftet. Selbst die Figur des Highlander aus dem gleichnamigen Film kämpft mit der Einsamkeit, die mit der Unsterblichkeit verbunden ist.

Unsterblichkeit als technologische Vision: Cyborgs, Posthumanismus, Transhumanismus, Kryonik

Über viele Jahrhunderte hatten Unsterblichkeitsphantasien, wenn sie körperliche Unsterblichkeit vorgestellt haben, ihren Platz in der Literatur oder in der philosophischen Reflexion. Im 20. Jahrhundert gewinnen Unsterblichkeitsphantasien eine stark vom technischen Fortschritt geprägte Dimension. Ausgangspunkt ist die Überlegung, den Alterungsprozessen und der Sterblichkeit durch Fortschritte auf den Gebieten Biotechnologie, Nanotechnologie und Robotik etwas entgegenzusetzen. Es geht um die Möglichkeit, Krankheiten und den Tod tatsächlich suspendieren zu können, weniger um Bestimmungen des Verhältnisses zum Tod oder Analysen der Unsterblichkeit. Die Phantasien haben den Bereich der Fiktion verlassen und treten in den Problembereich des technisch Machbaren. Nicht das Verhältnis von Menschen zum Tod, sondern das Verhältnis zu einem unvollkommenen, krankheitsanfälligen und sterblichen Körper ist das Zentrum gegenwärtiger technomorpher Unsterblichkeitsphantasien.

Im Zuge der US-amerikanischen Weltraum- und Militärforschung und den daraus resultierenden Problemen des Umgangs mit den völlig neuen Umweltbedingungen im All wurde ab den 60er Jahren intensiv an Anpassungsmöglichkeiten des menschlichen Organismus an seine Umgebung geforscht. Der Mediziner Nathan S. Kline und der Ingenieur und Computerexperte Manfred E. Clynes prägten in diesem Zusammenhang den Begriff *Cyborg*. Der Neologismus ist eine Zusammensetzung aus „cybernetic" (Systeme steuernd) und „organism" und wurde erstmal 1960 im Paper „Cyborgs and Space" für die NASA erwähnt. Die Idee war, dem Auseinanderklaffen der Umweltbeherrschung und der Beherrschung des menschlichen Körpers durch technische Hilfsmittel beizukommen. Der Mensch sollte der Umwelt, nicht die Umwelt dem Menschen angepasst werden.

Clynes brachte die grundsätzliche Idee mit einem Vergleich auf den Punkt: Ein Fisch, der an Land leben möchte, solle nicht überall sein

Aquarium mitnehmen, sondern vielmehr sein Atmungssystem den veränderten Bedingungen anpassen (Gray 1995, 35). Anstelle einer Raumkapsel, die als passende Umgebung mitgeführt werden muss, sollte der menschliche Stoffwechsel durch implantierte Systeme passend gemacht werden (Orland 2005, 17). Der menschliche Körper, der nicht mit den technologischen Fortschritten mithalten kann, muss nachjustiert, seine Psyche mit Hilfe von Medikamenten zu einer besseren Funktion gebracht werden, die den harschen Bedingungen des Weltraums genügen soll. Die Grenzen zwischen Technik und Körper, Mensch und Maschine werden fließend gedacht. Der Cyborg ist ein langlebiger Hybrid, der die Beherrschung der äußeren Natur durch die Beherrschung und Formung der inneren Natur erreichen kann. Für Manfred Clynes ging es jedoch noch nicht primär darum, die Natur des Menschen zu ändern, sondern um die Vergrößerung des menschlichen Aktionsradius in den Weltraum. In den Cyborgvisionen des Science-Fiction-Genres – man denke an Filme wie „Terminator" oder „Robocop" – sah Clynes den ursprünglich gedachten Cyborg nicht verwirklicht (Gray 1995, 47).

Das ursprüngliche Cyborg-Konzept aus den 60er Jahren entwickelte sich indes weiter. Mit ihrem „Ein Manifest für Cyborgs" belebte die feministische Denkerin Donna Haraway (1995) den Begriff in der wissenschaftlichen Diskussion. Die Dichotomien Mensch und Natur, Mensch und Tier, Frau und Mann, Subjekt und Objekt werden durch Biotechnologien zunehmend verwischt. Natürlichkeit und Künstlichkeit sind beim Hybridwesen Cyborg nicht mehr klar trennbar, essenzialische Konzepte zur Wesensbestimmung können nicht mehr greifen, Cyborgs leben in einer *Post-Gender-Welt*. Haraway betont die politischen Implikationen der Technowissenschaften und sieht eine Chance der Einmischung und des Aufbrechens klassischer Herrschaftsverhältnisse (Singer 2008, 207).

Der Begriff Cyborg als Schnittstelle von Mensch und Maschine ist auch für den *Posthumanismus* von zentraler Bedeutung. In dieser technophilen Strömung wird eine grundlegende Veränderung des menschlichen Körpers bis hin zum Ende des Menschen als körperliches Wesen erhofft. Die Mängel des menschlichen Daseins sollen durch technische Interventionen und Weiterentwicklung behoben werden, um den Weg in eine bessere, posthumane Existenz frei zu machen. Unsterblichkeit ist eines der Ziele des posthumanen Seins. Der Robotikforscher Hans Moravec entwickelte Ende der 80er Jahre in seiner Schrift „Mind

Children. The Future of Robot and Human Intelligence" die Idee der Unsterblichkeit des individuellen menschlichen Geistes im virtuellen Raum. Durch „Uploading" („Hochladen") des individuellen menschlichen Bewusstseins in digitale Speicher wäre auch nach dem körperlichen Tod zumindest virtuelle Unsterblichkeit zu erlangen. Der Geist könnte unsterblich werden. Grundlegende Idee ist, dass das Gehirn wie ein Digitalrechner speichert, prozessiert und überträgt und also eine prinzipielle Austauschbarkeit von Synapsen und Transistoren möglich ist. Ist virtuelle Unsterblichkeit durch Übertragung des Geistes in ein neues Medium erst einmal möglich, so wäre, Moravec zufolge, der Weg in eine posthumane Gesellschaft frei, in der die biologische Menschheit zugunsten posthumaner Existenzformen nach und nach kleiner wird.

Auch im *Transhumanismus* wird Unsterblichkeit als anstrebenswertes Ziel postuliert, seine Anhänger zielen jedoch nicht auf eine Ablösung des Menschen durch eine völlig neue Existenzform ab, sondern auf eine Verbesserung menschlicher Lebensbedingungen durch Cyborgtechnologien. Der Transhumanismus kann auch als Übergang zum Posthumanismus verstanden werden. So formuliert der amerikanische Autor Robert Ettinger (2005b) in seinem 1972 erstmals erschienenen Buch „Man into Superman" die Vision einer Menschheit, die sich ihrer natürlichen Evolution entledigt hat und ihre Weiterentwicklung selbst in die Hand nimmt. 1998 gründeten Nick Bostrom, Philosophieprofessor in Oxford, und der britische Philosoph David Pearce die „World Transhumanist Society", einen Verein, der die Verwendung von Bio- und Nanotechnologien zur Verbesserung und Erweiterung menschlicher Fähigkeiten propagiert. Ziel ist eine „posthumane" Existenz, die durch höhere Intelligenz, Resistenz gegenüber Erkrankungen und dem Alterungsprozess, Bewusstseins- und Sinneserweiterung bis hin zur Überwindung des Todes geprägt sein soll. Der unsterbliche Mensch der Zukunft ist ein Wesen, das keine Grenzen hinsichtlich seiner physischen und psychischen Fähigkeiten kennt – ein Supermensch, der seine Evolution selbst in die Hand genommen hat.

Neben der Hoffnung auf die technische Realisierung des „Uploading" ist die *Kryonik* ein von den Transhumanisten favorisiertes Mittel auf der Suche nach Unsterblichkeit. Die grundlegende Idee hierbei ist, verstorbene Menschen einzufrieren und damit zu konservieren, in der Hoffnung, sie bei entsprechendem technologischen Fortschritt wieder auftauen und reanimieren zu können. Getragen wird diese Vision von einem Glauben an den medizinischen Fortschritt. Ist es möglich, ei-

nen kryokonservierten Körper tatsächlich wiederzubeleben, so dürften auch die meisten Krankheiten in dieser Zukunft heilbar sein – der
Tod wäre womöglich ganz aus dem Leben verbannt. Robert Ettinger
(2005a) formulierte in seinem 1964 erstmals veröffentlichten Buch
„The Prospect of Immortality" die Unsterblichkeit als Ziel der Kryonik. Er hoffte auf ein erfolgreiches Auftauen innerhalb der nächsten 50
bis 200 Jahre. Der Philosoph Thomas Nagel (2001, 18) bemerkt in diesem Zusammenhang, dass aus der Innenperspektive des Individuums
die Fortsetzung des Lebens nach einer Kryokonservierung einfach als
Fortsetzung des jetzigen Lebens erscheint. Die Unannehmlichkeiten
eines diskontinuierlichen Daseins würden für ihn jedoch die Vorteile
des nunmehr weitergehenden Lebens nicht aufwiegen.

Welche Schwierigkeiten dies sein können, macht die amerikanische
Zeichentrickserie „Futurama" deutlich: Der Protagonist Frey, ein fauler
Pizzajunge, wird versehentlich eingefroren, um im New York des Jah-
res 3000 wieder aufzutauen. Sieht er sein neues Dasein zunächst als
Chance, sein Leben grundlegend zu ändern, wird ihm doch bald seine
Einsamkeit und Entfremdung in der neuen Gegenwart deutlich. Maß-
geblich hat sich zwar nicht viel geändert – Frey muss in seinem neuen
Leben die ewige Wiederkehr von Lieferservice und Liebeskummer er-
leiden –, doch er ist nicht vertraut in seiner neuen Welt und trauert
seiner alten Kultur nach.

Die unangenehmen psychischen Folgen eines diskontinuierlichen
Lebens wie das Fehlen geliebter Menschen, Gefühle der Verlassenheit
und Fremdheit werden in der Kryonik jedoch nicht thematisiert. Kryo-
konservierte Menschen sind in der Sprachregelung der Kryonik auch
nicht als Tote zu bezeichnen, sondern gelten als „kryonisch suspendierte" Patienten, die potenziell behandlungswürdig sind. Die Firma
Alcor mit Sitz in Arizona bietet Kryokonservierung für Privatpersonen
an, wobei entweder der ganze Körper oder in der etwas kostengünsti-
geren Variante nur der Kopf dauerhaft gefroren gelagert werden können. Derzeit sind an die 70 Körper bzw. Köpfe konserviert. Warum
noch immer vergleichbar wenig Menschen die Kryonik nutzen, könnte
– neben den Kosten – auch in der „rituellen Leerstelle" (Krüger 2007,
211) liegen, die durch die Suspendierung des Todes entsteht. Es gibt
keine Bestattungskultur und keinen Ort für Trauer um die Toten, die
nicht tot sind.

Posthumane Visionen eines menschlichen Lebens – jenseits phy-
sischer, psychischer und kognitiver Beschränkungen – können als Er-

lösungsphantasien gelesen werden. Sie entwerfen Bilder menschlicher Existenz, die das Leid und die Bedingtheit des Lebens überwunden haben, Bilder von virtuellen „Existenzen" im virtuellen Raum, die sich nach Belieben entwerfen können. Kryonisch suspendierte Körper, so die Hoffnung, können in der Zukunft unter weit besseren medizinischen Bedingungen wieder leben. Ein Konzept, dass an die christliche und, eingeschränkt, auch jüdische und muslimische Lehre von der Auferstehung des Fleisches erinnert. Die Hoffnung auf Erlösung vom irdischen Leiden, von Krankheit und Tod liegt nicht mehr in einem gütigen Gott, sondern ist selbst gemacht. Alte Vorstellungen von Unsterblichkeit sind durch neue, technologisch bestimmte zumindest teilweise abgelöst worden. Der Tod ist jenseits metaphysischer Tröstungen doch immer noch ein Stachel, gegen den neue Heilsversprechungen aufbegehren.

Anhang

Literatur

Ad Hoc Committee: A Definition of Irreversible Coma. In: Journal of the American Medical Association 205, 6 (1968).

Adorno, Theodor W.: Negative Dialektik. Jargon der Eigentlichkeit (= Gesammelte Schriften Bd. 6). 3. Aufl. Frankfurt/M.: Suhrkamp 1984.

Améry, Jean: Über das Altern. Revolte und Resignation. In: ders.: Werke Bd. 3. Hg. von Monique Boussard. Stuttgart: Klett-Cotta 2005a.

— Hand an sich legen. Diskurs über den Freitod. In: ders.: Werke Bd. 3. Hg. von Monique Boussard. Stuttgart: Klett-Cotta 2005b.

Anders, Günther: Die atomare Drohung. 5. Aufl. München: Beck 1986.

— Die Antiquiertheit des Menschen 1. Über die Seele im Zeitalter der zweiten industriellen Revolution. 2. Aufl. München: Beck 2002a.

— Die Antiquiertheit des Menschen 2. Über die Zerstörung des Lebens im Zeitalter der dritten industriellen Revolution. 3. Aufl. München: Beck 2002b.

Ariès, Philippe: Geschichte des Todes. Übers. von Hans-Horst Henschen und Una Pfau. 11. Aufl. München: dtv 2005.

Aristoteles: Rhetorik. Übers. von Gernot Krapinger. Stuttgart: Reclam 2005.

Augustinus, Aurelius: Bekenntnisse. Übers. von Joseph Bernhard. Frankfurt/M.–Leipzig: Insel 1987.

— Vom Gottesstaat. Übers. von Wilhelm Thimme. München: dtv 2007.

Bachmann, Ingeborg: Sämtliche Gedichte. 6. Aufl. München–Zürich: Piper 1998.

Bacon, Francis: Essays oder praktische und moralische Ratschläge. Übers. von Elisabeth Schücking. Stuttgart: Reclam 2005.

— Über die Würde und die Förderung der Wissenschaften. Übers. von Jutta Schlösser. Freiburg/Br.: Haufe 2006.

Barley, Nigel: Tanz ums Grab. Übers. von Ulrich Enderwitz. Stuttgart: Klett-Cotta 1998.

Baudrillard, Jean: Der symbolische Tausch und der Tod. Übers. von Gerd Bergfleth, Gabriele Ricke und Ronald Voullie. München: Matthes & Seitz 1982.

Beauvoir, Simone de: Alle Menschen sind sterblich. Übers. von Eva Rechel-Mertens. Reinbek bei Hamburg: Rowohlt 1970.

— Das Alter. Übers. von Anjuta Aigner-Dünnwald und Ruth Henry. Reinbek bei Hamburg: Rowohlt 1977.

Benzenhöfer, Udo: Der gute Tod. Euthanasie und Sterbehilfe in Geschichte und Gegenwart. München: Beck 1999.

Binding, Karl / Hoche, Alfred: Die Freigabe der Vernichtung lebensunwerten Lebens. Ihr Maß und ihre Form. Leipzig: Meiner 1920.

Birnbacher, Dieter: Tun und Unterlassen. Stuttgart: Reclam 1995.

— Fünf Bedingungen für ein akzeptables Todeskriterium. In: Ach, Johann S. / Quante, Michael (Hg.): Hirntod und Organverpflanzung. Ethische, medizinische, psychologische und rechtliche Aspekte der Transplantationsmedizin. 2., erw. Aufl. Stuttgart–Bad Cannstatt 1999.

Bobbio, Norberto: Vom Alter. Übers. von Annette Kopetzki. Berlin: Wagenbach 2004.

Boccaccio, Giovanni: Das Dekameron. Übers. von Karl Witte. Düsseldorf: Artemis & Winkler 1999.

Böhmer, Franz: Aufgaben der Prävention in der Geriatrie. In: Rosenmayr, Leopold / Böhmer, Franz (Hg.): Hoffnung Alter. Forschung, Theorie, Praxis. Wien: WUV 2004.

Borges, Jorge Luis: Der Unsterbliche. In: ders.: Das Aleph. Erzählungen 1944–1952. Übers. von Karl August Horst und Gisbert Haefs. Frankfurt/M.: Fischer 1992.

Brandstetter, Thomas: Wie man lernt die Bombe zu lieben. Zur diskursiven Konstruktion atomarer Gewalt. In: Ballhausen, Thomas, u. a. (Hg.): Schutzverletzungen. Legitimation medialer Gewalt. Berlin: Verbrecher 2009.

Camus, Albert: Der Mythos von Sisyphos. Ein Versuch über das Absurde. Übers. von Hans Georg Brenner und Wolfdietrich Rasch. Reinbek bei Hamburg: Rowohlt 1961.

Čapek, Karel: Dramen. Übers. von Gustav Just und Ilse Seehase. Berlin–Weimar: Aufbau 1976.

— Krakatit. Übers. von Julius Mader. Frankfurt/M. u. a.: Ullstein 1984.

Cicero, Marcus Tullius: Gespräche in Tusculum. Übers. von Olof Gigon. München: dtv 1991.

— Cato der Ältere über das Alter. Übers. von Harald Merklin. Stuttgart: Reclam 2005.

Clynes, Manfred E.: Cyborg II. Sentic Space Travel. In: Gray, Chris Hables (Hg.): The Cyborg Handbook. New York: Routledge 1995.

Derrida, Jacques: Aporien. Auf die „Grenzen der Wahrheit" gefaßt sein. Übers. von Michael Wetzel. München: Fink 1998.

Descartes, René: Meditationen über die Grundlagen der Philosophie mit den sämtlichen Einwänden und Erwiderungen. Übers. von Artur Buchenau. Hamburg: Meiner 1994.

Dosa, David: A Day in the Life of Oscar the Cat. In: New England Journal of Medicine 357, 4 (2007).

Duden, Barbara: Der Frauenleib als öffentlicher Ort. Vom Missbrauch des Begriffs Leben. München: dtv 1994.

Düren, Peter Christoph: Der Tod als Ende des irdischen Pilgerstandes. Reflexion über eine katholische Glaubenslehre. Ostfildern: Schwabenverlag 1996.

Durkheim, Émile: Der Selbstmord. Übers. von Sebastian und Hanne Herkommer. Frankfurt/M.: Suhrkamp 1983.

Ebeling, Hans: Selbsterhaltung und Selbstbewußtsein. Zur Analytik von Freiheit und Tod. Freiburg/Br.–München: Alber 1979.

— Martin Heidegger. Philosophie und Ideologie. Reinbek bei Hamburg: Rowohlt 1991.

Epikur: Von der Überwindung der Furcht. Katechismus, Lehrbriefe, Spruchsammlung, Fragmente. Übers. von Olof Gigon. Zürich–Stuttgart: Artemis 1968.

Ettinger, Robert: The Prospect of Immortality. Stanford: Ria University 2005a.

— Man Into Superman. The Startling Potential of Human Evolution – And How to Be Part of It. Stanford: Ria University 2005b.

Feldman, Fred: Confrontations with the Reaper. A Philosophical Study of the Nature and Value of Death. New York–Oxford: Oxford University 1994.

Freud, Sigmund: Jenseits des Lustprinzips. In: ders.: Psychologie des Unbewussten (= Studienausgabe Bd. 3). Hg. von Alexander Mitscherlich u. a. Frankfurt/M.: Fischer 1982a.

— Zeitgemäßes über Krieg und Tod. In: ders.: Fragen der Gesellschaft, Ursprünge der Religion (= Studienausgabe Bd. 9). Hg. von Alexander Mitscherlich u. a. Frankfurt/M.: Fischer 1982b.

Gélis, Jacques: Les Enfants des Limbes. Mort-nés et parents dans l'Europe chrétienne. Paris: Audibert 2006.

Das Gilgamesch-Epos. Übers. von Wolfgang Rölling. Stuttgart: Reclam 2009.

Goethe, Johann Wolfgang von: Faust. In: ders.: Werke Bd. 3. Hg. von Erich Trunz. München: Beck 1981.

Gray, Chris Hables: An Interview with Manfred E. Clynes. In: Gray, Chris Hables (Hg.): The Cyborg Handbook. New York: Routledge 1995.

Haraway, Donna: Ein Manifest für Cyborgs. In: dies.: Die Neuerfindung der Natur. Primaten, Cyborgs und Frauen. Übers. von Dagmar Fink. Frankfurt/M.–New York: Campus 1995.

Harris, John: Der Wert des Lebens. Eine Einführung in die medizinische Ethik. Übers. von Dunja Jaber. Berlin: Akademie 1995.

Hayflick, Leonard: Aging. The Reality. „Anti-Aging" is an Oxymoron. In: Journal of Gerontology: Biological Sciences, 59A, 6 (2004).

Heidegger, Martin: Sein und Zeit. 15. Aufl. Tübingen: Niemeyer 1979.

Die Heilige Schrift des Alten und Neuen Testamentes nach den Grundtexten. Übers. von Vinzenz Hamp u. a. Augsburg: Pattloch 1994.

Hoff, Johannes / Schmitten, Jürgen in der (Hg.): Wann ist der Mensch tot. Organverpflanzung und Hirntodkriterium. Reinbek bei Hamburg 1994.

Homer: Odyssee und Homerische Hymnen. Übers. von Anton Weiher. München: dtv 1990.

Horstmann, Ulrich: Das Untier. Konturen einer Philosophie der Menschenflucht. Wien: Medusa 1983.

Huber, Johannes: Länger leben. Medizinische Perspektiven und ihre Bedeutung für die Gesellschaft. In: Liessmann, Konrad Paul (Hg.): Ruhm, Tod, Unsterblichkeit. Über den Umgang mit der Endlichkeit. Wien: Zsolnay 2004.

Hume, David: Die Naturgeschichte der Religion u. a. Übers. von Lothar Kreimendahl. Hamburg: Meiner 1984.

Jankélévitch, Vladimir: Das Unwiderrufliche. Gespräch mit Daniel Diné. In: ders.: Kann man den Tod denken? Übers. von Jürgen Brankel. Wien: Turia + Kant 2003.

— Der Tod. Übers. von Brigitta Restorff. Frankfurt/M.: Suhrkamp 2005.

Jaspers, Karl: Die Atombombe und die Zukunft des Menschen. Politisches Bewußtsein in unserer Zeit. München–Zürich: Piper 1960.

— Die Atombombe und die Zukunft des Menschen. Vortrag Schweizer Radio DRS, Oktober 1956. Audioverlag Manfred Ferrari 2006.

Jonas, Hans: Philosophische Untersuchungen und metaphysische Vermutungen. Frankfurt/M.–Leipzig: Insel 1992.

Kamlah, Wilhelm: Meditatio Mortis. Kann man den Tod „verstehen" und gibt es ein „Recht auf den eigenen Tod"? Stuttgart: Klett 1976.

Kant, Immanuel: Kritik der reinen Vernunft. Hg. von Ingeborg Heidemann. Stuttgart: Reclam 1975.

— Die Metaphysik der Sitten. Hg. von Hans Ebeling. Stuttgart: Reclam 2001.

Kierkegaard, Sören: An einem Grabe. In: ders.: Vier erbauliche Reden 1844. Drei Reden bei gedachten Gelegenheiten 1845. Übers. von Emanuel Hirsch. Düsseldorf–Köln: Diederichs 1964.

Klentze, Michael: Warum wir altern. In: Rabe, Thomas / Strowitzki, Thomas (Hg.): Lifestyle & Anti-Aging-Medizin. Baden-Baden: Rendezvous 2001.

Klopstock, Friedrich Gottlieb: Oden und Elegien. Stuttgart: Metzler 1974.

Kneihs, Benjamin: Grundrechte und Sterbehilfe. Wien: Österreichische Staatsdruckerei 1998.

Krüger, Oliver: Die Aufhebung des Todes. Die Utopie der Kryonik im Kontext der US-amerikanischen Bestattungskultur. In: Macho, Thomas / Marek, Kristin (Hg.): Die neue Sichtbarkeit des Todes. München: Fink 2007.

Kübler-Ross, Elisabeth: Über den Tod und das Leben danach. 10. Auflage. Güllesheim: Silberschnur 2002.

Lacan, Jacques: Das Seminar. Buch 2, 1954–1955. Das Ich in der Theorie Freuds und in der Technik der Psychoanalyse. Übers. von Hans-Joachim Metzger. Wien: Turia + Kant 1980.

Landsberg, Paul Ludwig: Die Erfahrung des Todes. Frankfurt/M.: Suhrkamp 1973.

Le Goff, Jacques: Die Geburt des Fegefeuers. Übers. von Ariane Forkel. Stuttgart: Klett-Cotta 1984.

Liessmann, Konrad Paul: Günther Anders. München: Beck 2002.

Lifton, Robert Jay: Der Verlust des Todes. Über die Sterblichkeit des Menschen und die Fortdauer des Lebens. Übers. von Annegrete Lösch. München: Hanser 1986.

Luckner, Andreas: Martin Heidegger. „Sein und Zeit". Ein einführender Kommentar. 2. Aufl. Paderborn u. a.: Schöningh 2001.

Lukrez: Von der Natur. Übers. von Hermann Diels. München: dtv 1991.

Macho, Thomas: Tod und Trauer im kulturwissenschaftlichen Vergleich. In: Jan Assmann: Der Tod als Thema der Kulturtheorie. Todesbilder und Totenriten im Alten Ägypten. Frankfurt/M.: Suhrkamp 2000.

Mant, Keith A.: Die medizinische Definition des Todes. In: Toynbee, Arnold (Hg.): Vor der Linie. Der moderne Mensch und der Tod. Übers. von Wolfgang Gerfin. Frankfurt/M.: Fischer 1970.

Marcuse, Herbert: Die Ideologie des Todes. In: Ebeling, Hans (Hg.): Der Tod in der Moderne. Königstein/Ts.: Athenäum 1979.

McMahan, Jeff: The Ethics of Killing. Oxford: Oxford University 2002.

Montaigne, Michel de: Essais. Erstes Buch. Übers. von Hans Stilett. München: Goldmann 2002.

— Die Essais. Übers. von Arthur Franz. Stuttgart: Reclam 2005.

Moravec, Hans: Mind Children. The Future of Robot and Human Intelligence. Cambridge: Harvard University 1988.

Morus, Thomas: Utopia. Übers. von Jacques Laager. Zürich: Manesse 2004.

Nagel, Thomas: Der Blick von nirgendwo. Übers. von Michael Gebauer. Frankfurt/M.: Suhrkamp 1992.

— Letzte Fragen. Übers. von Karl-Ernst Prankel u. a. Berlin: Philo 2001.

Nassehi, Armin: „Worüber man nicht sprechen kann, darüber muß man schweigen." Über die Geschwätzigkeit des Todes in unserer Zeit. In: Liessmann, Konrad Paul (Hg.): Ruhm, Tod und Unsterblichkeit. Über den Umgang mit der Endlichkeit. Wien: Zsolnay 2004.

Nietzsche, Friedrich: Kritische Studienausgabe. 15 Bde. Hg. von Giorgio Colli und Mazzino Montinari. München: dtv 1999.

Orland, Barbara (Hg.): Artifizielle Körper – Lebendige Technik. Technische Modellierungen des Körpers in historischer Perspektive. Zürich: Chronos 2005.

Pahud de Mortanges, Elke: Der versperrte Himmel. Das Phänomen der *sanctuaires à répit* aus theologiegschichtlicher Perspektive. In: Schweizerische Zeitschrift für Religions- und Kulturgeschichte 98 (2004).

Pernick, Martin S.: Back from the Grave. Recurring Controversies over Defining and Diagnosing Death in History. In: Zaner, Richard M. (Hg.): Death. Beyond Whole-Brain Criteria. Dortrecht: Kluwer Academic 1988.

Platon: Apologie des Sokrates, Kriton, Ion u. a. (= Sämtliche Werke Bd. 1). Übers. von Friedrich Schleiermacher. Reinbek bei Hamburg: Rowohlt 1994.

— Lysis, Symposion, Phaidon u. a. (= Sämtliche Werke Bd. 2). Übers. von Friedrich Schleiermacher. Reinbek bei Hamburg: Rowohlt 2004.

Rilke, Rainer Maria: Gegenüber dem Himmel. Die schönsten Gedichte. München–Zürich: Piper 1997.

Rosenberg, Jay F.: Thinking clearly about Death. 2nd Edition. Indianapolis–Cambridge: Hackett 1998.

Sartre, Jean-Paul: Das Sein und das Nichts. Versuch einer phänomenologischen Ontologie. Übers. von Hans Schöneberg und Traugott König. Reinbek bei Hamburg: Rowohlt 1993.

— Der Existentialismus ist ein Humanismus und andere philosophische Essays 1943–1948. Übers. von Werner Bökenkamp. Reinbek bei Hamburg: Rowohlt 2000.

Scheler, Max: Tod und Fortleben. In: ders.: Schriften aus dem Nachlaß (= Gesammelte Werke Bd. 10). Bonn: Bouvier 1987.

Schirrmacher, Frank: Das Methusalem-Komplott. München: Blessing 2004.

Schopenhauer, Arthur: Vom Unterschiede der Lebensalter. In: ders.: Parerga und Paralipomena. Kleine philosophische Schriften I. Hg. von Wolfgang Frhr. v. Löhneysen. Frankfurt/M.: Suhrkamp 1989.

— Die Welt als Wille und Vorstellung. Gesamtausgabe. München: dtv 1998.

Schwarzer, Alice: Leben in der Leiche. Spiegel 43/1992 (19. 10. 1992).

Seneca, Lucius Annaeus: Briefe an Lucilius, erster Teil, Brief 1–81 (= Philosophische Schriften Bd. 3). Übers. von Otto Apelt. Leipzig: Meiner 1924a.

— Briefe an Lucilius, zweiter Teil, Brief 82–124 (= Philosophische Schriften Bd. 4). Übers. von Otto Apelt. Leipzig: Meiner 1924b.

— Trostschrift an Marcia. In: ders.: Philosophische Schriften Bd. 1. Übers. von Manfred Rosenbach. Darmstadt: Wissenschaftliche Buchgesellschaft 1996.

Singer, Mona: Cyborg-Visionen. Zu den Kontroversen um neue Reproduktionstechnologien in feministischer Absicht. In: Das Argument 275 (2008).

Sternberger, Dolf: Die Deskripition des „Sterbens Anderer". In: Ebeling, Hans (Hg.): Der Tod in der Moderne. Königstein/Ts.: Athenäum 1979.

Swift, Jonathan: Gullivers Reisen. Übers. von Franz Kottenkamp. Frankfurt/M.–Leipzig: Insel 2008.

Taureck, Bernhard H. F.: Philosophieren: Sterben lernen? Versuch einer ikonologischen Modernisierung unserer Kommunikation über Tod und Sterben. Frankfurt/M.: Suhrkamp 2004.

Thomas von Aquin: Summe gegen die Heiden. Bd. 4, Buch IV. Übers. von Markus H. Wörner. Darmstadt: Wissenschaftliche Buchgesellschaft 1996.

Tolstoi, Leo: Der Tod des Iwan Iljitsch. In: ders.: Meistererzählungen. Übers. von Arthur Luther u. a. Zürich: Diogenes 1989.

Wells, H. G.: The World Set Free. A Story of Mankind. London: Macmillian 1914 (online: http://fax.libs.uga.edu/PR6045xE58xW67/).

Wilde, Oscar: Das Bildnis des Dorian Gray (= Sämtliche Werke Bd. 1). Übers. von Christine Hoeppener. Frankfurt/M.–Leipzig: Insel 2000.

Williams, Bernard: Probleme des Selbst. Philosophische Aufsätze 1956–1972. Übers. von Joachim Schulte. Stuttgart: Reclam 1978.

Wittwer, Héctor: Selbsttötung als philosophisches Problem. Über die Rationalität und Moralität des Suizids. Paderborn: Mentis 2003.

Zimmermann, Volker: Die „Heiligkeit des Lebens" – Geschichte der Euthanasie in Grundzügen. In: Frewer, Andreas / Eikhoff, Clemens (Hg.): „Euthanasie" und die aktuelle Sterbehilfe-Debatte Frankfurt/M.–New York: Campus 2000.

Personenregister